COOK TO THE FUTURE

クック・トゥ・ザ・フューチャー

3Dフードプリンターが予測する24の未来食

石川伸一　石川繭子
SHIN-ICHI ISHIKAWA　MAYUKO ISHIKAWA

十分に発達した技術は、魔法と見分けがつかない

　　アメリカのSF超大作であるテレビドラマ『スタートレック』シリーズに、「レプリケーター」という装置が登場します。この装置の原理は、分子を材料として、実物とほとんど変わりのないコピーを作り出すことができるというものです。スタートレックに登場する各クルーの部屋には、フード・ディスペンサーとも呼ばれる食品用のレプリケーターが設置されています。その端末に音声でオーダーすれば、自動販売機のように食器つきでその場で食事が合成され、食べ終わって食器を戻すと、自動的に分解されて原料に戻るというものです。

　　このレプリケーターのおかげで、スタートレックの世界では、食材の貯蔵や残飯処理などの問題は存在しません。料理を自分の手で作るのは、高尚な趣味となっており、その食材はレプリケーターで作られます。レプリケーターが食材として利用する原料は、外部から補給されますが、場合によっては排泄物を原材料として再利用することも可能です。SFの世界では、食料備蓄、調理、食品ロス、食品リサイクルといった食の課題すべてを、この"未来型３Dフードプリンター"ともいえるテクノロジー一つで解決しています。

　　この本では、３Dフードプリンターの歴史・現状を説明したあと、食が"印刷"されることが当たり前になった2055年の世界を、SF思考で描いています。SFの視点は、架空の未来や技術、事物を考え描き、従来の枠組みにとらわれない新しいアイデアを探求したり、未知の可能性を見出すことに向いています。本の中で、３Dフードプリンターの機能ごとに24の未来の食の日常風景を日記として描き、その内容に関するトピックスを加えています。24のメニューは、一年をなぞるような生活の中の食であり、そこに

は当たり前のように３Ｄフードプリンターがあります。人々の日常に溶け込んだ"もの"は、どんなテクノロジーであっても、物語を獲得します。

　イギリス出身のSF作家、アーサー・C・クラークが定義した「クラークの三法則」には「Any sufficiently advanced technology is indistinguishable from magic.(十分に発達した技術は、魔法と見分けがつかない。)」という言葉があります。たとえば、電子レンジやスマートフォンが登場したとき、魔法のような驚きや違和感を感じた人も多かったことでしょう。またそれらが日常に溶け込むようになるとは思ってもみなかったかもしれません。ましてや、それらの技術の登場をリアルに予想できた人は、それ以前にどれほどいたでしょうか。

　テクノロジーの未来を予想するとき、現時点でその可能性や限界を明確に示すことは非常に困難です。斬新なテクノロジーは、その斬新さゆえに、現時点で存在している価値観の延長上では、なかなか理解されにくいからです。そのため、現在予測される３Ｄフードプリンターが普及した未来は、まるでSFや魔法のように扱われ、「ありえない」で切り捨てられる可能性があります。

　そのため、この本に描かれた料理やそのシチュエーションを、完全な作り話に感じる人もいるかもしれません。しかし、スマートフォン登場前後で、多くの人の生活が一変した現実を考えれば、それと同じようなことや、それ以上の変化が３Ｄフードプリンターによってもたらされるかもしれないのです。その前に、妄想の「タイムトラベル」にちょっとおつき合いいただければと思います。

CONTENTS：目次

1ST STAGE

かたちが変わる

なんでも印刷できるので、
食べものの形は自由自在。

⇒物語チョコバナナ (p18)
⇒メタモルフォーゼ・パスタ (p42)

３Ｄフードプリンター

2ND STAGE

原材料が変わる

まったく新しい食材を
プリンターの「インク」として活用。

⇒ほたて殻バーガー (p66)
⇒江戸文様の培養肉 (p90)

3RD STAGE

時空間が変わる

データとして記録された食べものを、
いつでもどこでも印刷可能。

で食はどう変わる？

4TH STAGE

食生活が変わる

食べることの自由度が大幅にアップし、
食文化が進化。

３Dフードプリンターによる破壊的イノベーション

食品用３Dプリンターにいち早く着目したのはNASAだった。
この革新的テクノロジーが社会実装される未来とは？

３Dプリンターという革新的テクノロジー

　1945年に米国のSF作家マレー・ラインスターが書いた短編小説「宇宙震」(原題: Things Pass By) に、「動いている腕の先端のホースからプラスチックがあふれ出て、出たとたんに型がきまって固まる。」という描写がある。まさに今の「３Dプリンター」の技術である。ラインスターの時代には空想だったこのアイデアは、1971年には単純な形で実用化され、その後、より速く、より効率的なものづくりの方法となった。今後、３Dプリンターはさまざまな分野で実用化され、私たちの身の回りのほとんどのものが３Dプリンターで印刷される時代が来るともいわれている。

左／日本で初めて3Dプリントした住宅の販売を開始したセレンディクス社による3Dプリント住宅「serendix50」(写真提供：セレンディクス)。右／カーネギーメロン大学の研究グループが3Dプリンターで出力した人工臓器の一例(写真提供：Eman Mirdamadi, Joshua Tashman, Daniel J Shiwarski)。

　通常のプリンターは、コンピューター上で作成した文字や絵を紙などの平面に印刷するのに対し、３Dプリンターは立体のものを印刷する。３Dプリンターの基本的な仕組みは、極薄の断面形状を１枚ずつ形成し、これを何層にも積み重ねることで３次元の立体にするというものである。３次元の立体を造形するには３Dモデルの設計データが必要であり、この設計データさえあれば、原理上はどんな形状の立体物でも造形することができる。

　現在、３Dプリンターで造形するための材料として、プラスチックの熱可塑性樹脂がよく用いられている。一般的な３Dプリンターは、プラスチックの素材を熱で融解し、ノズルから吐出していく熱融解積層法と呼ばれる方法である。

　３Dプリンターが普及し出した当初は、簡単な部品が造形できる程度であったが、技術が急速に進化し、自動車業界、航空宇宙業界、建築業界、医療業界など、非常に多岐にわたる分野で活用されている。

食べもの印刷機、３Dフードプリンターの誕生

　食品用の３Dプリンターである「３Dフードプリンター」に注目が集まるきっかけがあった。2013年、米国航空宇宙局（NASA）が、３Dフードプリンタ

左／NASAが研究費を拠出した3Dフードプリンターで印刷されるピザ（写真提供：Anjan Contractor）。右／オランダ応用科学研究機構（TNO）の3Dフードプリンターによるパスタ（写真提供：Bart van Overbeeke）。

ーを開発する企業に多額の研究費を拠出したことである。内容は、3Dプリンティング技術を使い、乾燥した粉末原料から、ピザなどの食べものを出力するというものであった。

　NASAが着目したのは、食を3Dで印刷する技術が、宇宙に長期滞在する飛行士向けの食事に役立つのではないかという点である。食事は、単なる栄養摂取だけではなく、味わうことで精神的な満足が得られ、人々のパフォーマンスの維持・向上につながるという側面がある。この食べておいしいと感じることに、重要な働きをするテクスチャーなどを有する食品を3Dフードプリンターが生み出せるということである。

　また、3Dプリンターは、「誰でもどこでも作ることができる」というメリットも有している。つまり、宇宙空間という限られた場所、宇宙飛行士という限られた人、限られた食材という"極限状況"であっても、3Dフー

オランダのフードデザイナー、クロエ・ルッツェルフェルト氏が考案した「Edible Growth」。3Dフードプリンターで印刷した食べられるボールから野菜やキノコが生えてくる（写真提供："TU/e, Bart van Overbeeke"／Chloé Rutzerveld）。

ドプリンターがあれば食事を作れるということである。

　さらなる3Dフードプリンターのメリットとしては、遺伝子診断により一人ひとりの欲する栄養素や疾病リスクが分かるようになれば、個々人に合わせた「個別化食」を作ることができることも挙げられる。食べる人の年齢や性別、遺伝情報など個人のデータと、そのとき食べたい好みの食のデータを3Dフードプリンターに入力するだけで、栄養面、機能面、嗜好面が反映された「究極の食事」が生み出される可能性がある。

市販されている3Dフードプリンター「FOODINI」。

3Dフードプリンターはまだ黎明期

　3Dフードプリンターの利用はまだ限定的であるが、商業的に実用化した例もみられる。オランダでは、3Dフードプリンターを用いた世界初となる3Dプリント食のレストランが期間限定で開店し、スペインの高級レストランでは、人の手で作ることのできないサンゴの形をした3Dフードプリンター製のマッシュポテトが提供された。また、スイスのチョコレート会社からは、3Dプリン

「FOODINI」で「パックマンの迷路」をかたどったチョコレートを印刷中。

スペインのシェフ、パコ・ペレス氏が「FOODINI」を利用して作りあげた一皿。マッシュポテトを珊瑚の形に印刷。

トした複雑なデザインのオーダーメイド型チョコレートが上市され、日本でもチョコレートや魚肉練り製品の造形ができる３Ｄフードプリンターが実用化されている。これらの実例は先進的な取り組みではあるが、物珍しさやそのデザインのみに注目が集まり、一般に普及、定着はしていない。

３Ｄフードプリンターの造形方法もまだ研究段階にあり、シリンジ方式、スクリュー方式、レーザー方式などさまざまな方法が検討されている。その中で、シリンジ方式は、最もシンプルな現在主流の３Ｄフードプリンターの造形方法である。シリンジ状容器の中に均質化した食材を入れ、押し圧によってノズルから押し出して造形する。押し出された食材はテーブル上で積層されながら造形されていく。チョコレートや砂糖菓子のような加熱・冷却による造形、小麦のグルテンや卵白などのたんぱく質の熱変性を利用した造形などがある。

また、粉末や液体の食品原料の"プール"の中に、レーザー光を照射して、部分的に加熱することで、立体的な造形物を作ることも行われている。３Ｄフードプリンターの造形技術とこのレーザー調理技術などを組み合わせることで、より複雑で多種多様な食品の開発が期待されている。

東京大学大学院在学（2021年）の宮武茉子氏による「フラワーゼリープリンター」。３Ｄプリンターで花の形のゼリーを印刷する（写真提供：宮武茉子氏）。

フラワーゼリープリンターで３Ｄプリントされた「フラワーゼリー」。本研究はカンファレンス「CHI2021」でBest Demo Honorable Mention Awardを受賞（写真提供：宮武茉子氏）。

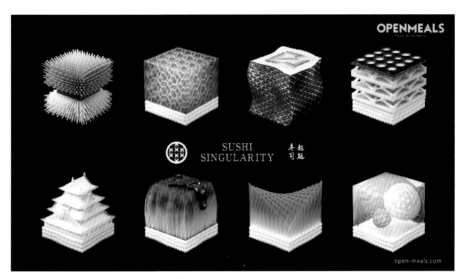

電通の榊良祐氏らによる未来の食文化を創造する「OPEN MEALS」でのプロジェクト「SUSHI SINGULARITY」での寿司のアイデア。

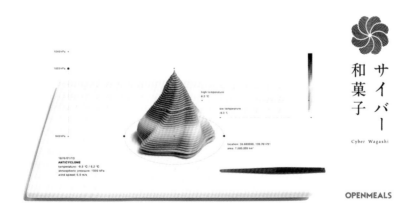

OPEN MEALSによる気象データを和菓子のデザインで出力するプロジェクト「CYBER WAGASHI」。

３Dフードプリンターの潜在的価値の顕在化

　一部の先進的なレストランでは３Dフードプリンターが使われたが、それは斬新なテクノロジーに注目が集まっているに過ぎず、３Dフードプリンターが秘める機能や特徴を十分活かしているわけではない。３Dフード

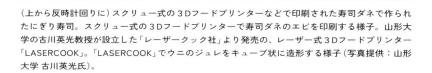

（上から反時計回りに）スクリュー式の３Dフードプリンターなどで印刷された寿司ダネで作られたにぎり寿司。スクリュー式の３Dフードプリンターで寿司ダネのエビを印刷する様子。山形大学の古川英光教授が設立した「レーザークック社」より発売の、レーザー式３Dフードプリンター「LASERCOOK」。「LASERCOOK」でウニのジュレをキューブ状に造形する様子（写真提供：山形大学 古川英光氏）。

プリンターを社会実装するには、「3Dフードプリンターがどのような社会を創るのか」という未来像の提示が必須である。

　本書では、以下の8つの3Dフードプリンターの価値やその具体例について考えるものである。

1. 斬新なかたちをデザインすることができる
　　例）見て、食べて感じるアート作品など
2. 時間によって変形することができる
　　例）折りたたみフード、圧縮フードなど
3. 食品ロスを削減することができる
　　例）事業系・家庭系食品ロスの削減、食べられる容器など
4. 新奇食材の利用を促進することができる
　　例）培養肉の三次元化、昆虫食の形状変化など
5. 時間や場所の制限をなくすことができる
　　例）オンデマンド印刷食品、ジャスト・イン・タイム印刷食品、
　　災害食など
6. データやAIを活用することができる
　　例）伝統料理や有名シェフの料理データの保存と再現など
7. 個人に最適化することができる
　　例）遺伝情報に基づいて健康増進に役立つパーソナライズ食、
　　介護食、食物アレルギー対応食など
8. 楽しみを増強することができる
　　例）創造性を育む食のデザイン教室など

　3Dフードプリンターが秘めている未来の可能性を考えることによって、有史以来、絶え間なく続けられてきた「食を作って食べる」ということ自体が持つ多面的な意味も明らかになるだろう。

CHAPTER 1

斬新なかたちを
デザインすることが
できる

バナナの果肉の中に、チョコレートが閉じ込められているチョコバナナ。バナナを切っていくごとに、チョコでできたきんたろうの絵が変化し、ストーリーが進行する様子を楽しめる。この製品に使用されているチョコは、バナナの果肉と同程度の粘度であるため、切ったときに絵の輪郭が綺麗に出る。

〚物語チョコバナナ〛

変わっていながら、懐かしくもある

切らない状態のときは、天然のバナナそ
のものに見える。昔ながらのシールが
貼られ、バナナの中身がわかるようにな
っている。懐かしい雰囲気が消費者には
評判である。

切ったものを温かい所に放置すると、チ
ョコが柔らかくなり、バナナの断面から
少しとろけ出る。また、果肉は時間が経
つと、天然のバナナのように褐変する。
果肉にポリフェノールなどの成分を添
加することで、このような演出が可能に
なる。

斬新なかたちをデザインすることができる

精密料理を構築する
フードデザイナーの登場

　3Dフードプリンターで「食」を印刷できるようになると、何が起こるのだろうか。真っ先に思い浮かぶ変化は「料理の精密化」である。将来、人の手で作ることのできない料理の創作が3Dフードプリンターによって盛んに行われ、より緻密に"デザイン"された料理を目にすることが多くなるだろう。私たちが見たことのない形の食品や料理を作ることができる未来について考える。

　独創性や先進性がある料理は、高級レストラン（ファインダイニング）の世界では絶えず求められ続けている。たとえば、1990〜2000年代、スペインのカタルーニャ地方にあったレストラン『elBulli（エル・ブリ）』は、その前衛的な料理によって世界で最も予約の取れないレストランとして有名であった。エル・ブリのシェフ、フェラン・アドリアによる料理は、「人の五感すべてに働きかけ、さらに、"人の脳をびっくりさせる"料理」を標榜していた。そのようなある種奇抜な料理を作るためには、従来の調理器具や調理方法では難しいため、これまで料理には使われていないような道具や手段を導入したのである。

　食を3Dプリンターで印刷するプリンティング技術が向上し、"印刷物"の解像度が増すことで、従来の料理とは別次元の芸術作品を作ることが可能になる。天然の食材のように元の形に依存しない、細部まで計算された料理をデザインできる未来の到来である。

　ファインダイニングでは、その店の料理人の考え方、大げさにいえば「思想」が料理に色濃く反映され、客はそれを味わいに訪れる。その料理人の理想を表現する手段として、包丁で野菜などの食材をさまざまな形に切る

飾り切りの技術と同じように、３Ｄフードプリンターという技術が取り入れられていくだろう。

　３Ｄフードプリンターで料理を印刷することは、プラスチックなどを立体的に印刷することと技術的にはほぼ同じであり、まずコンピューター上で立体データを構築することが必要になる。その場合、必ずしも料理を実際に作る技が役立つとは限らず、むしろ、おいしい、さらには新しい食品のデザインとは何かを考え、それを立体的に表現する能力が求められるようになる。そのため、調理技術だけでなく、３Ｄフードプリンターで出力するための３Ｄ料理データの構築技術が、未来の料理人の強力なツールになるかもしれない。

　将来、３Ｄフードデザイナーという新しい職業が登場し、特にファインダイニングでの存在感が大きくなることも考えられる。そうなれば、未来の料理人には、その人にしかできない料理を創造するという芸術性が今以上に求められるようになると予想される。

　長年修行した料理人にしかできなかった高度な調理技術を、３Ｄフードプリンターが肩代わりすることで、ある意味、料理人は自分の芸術性に集中できる。さらに、調理技術がなくても誰もが斬新な料理を作れるようになることで、ハイエンドな料理が求められる場所では自由化が起き、"誰もがスターシェフ"になれるかもしれない。

KEYWORDS: **精密料理　精密調理　フードデザイナー　食品構造　テクスチャー　イノベーション**

〖 物 語 チ ョ コ バ ナ ナ 〗

食べた日	OCT 26, 2055
食べたもの	たろうバナナセット（1本増量中）
原材料	バナナ、チョコレート

栄養成分表示
(1本当たり)

エネルギー	405 kcal
たんぱく質	4.7 g
脂質	19.2 g
炭水化物	60.1 g
食塩相当量	0.1 g

販売者	株式会社物語バナナ
製造者	株式会社3D食品
購入・入手場所	近くのコンビニエンスストア

気づいたこと

○ 発売当初と変わらない、
ほのぼのとしたストーリー展開。
○ 購入したものは、シークレットバナナが
1本おまけでついた4本セットだった。
○ 天然のバナナのように
実や皮が褐色に変化することが、
賞味期限の目安になる。
○ 金太郎飴から発想を得た商品だと思う。

物語チョコバナナを少しずつ食べ進めると、
昔話や童話のストーリーを
見ることができる。
バナナは常温で保存できるが、
冷やしたり、少し温めたりして
チョコの食感を楽しむのも良い。

本物のバナナと同じように
スジがあったり、
放置すると実や皮の
色が変わったりするところに
リアリティを感じる。

バナナを切って置いておくと、
チョコも次第に溶け出してくる。

1-1 DIARY

**TUE,
10/26
2055**

懐かしの　たろうバナナを　今日食べた

　約20年前に発売された『物語チョコバナナ』は、バナナ中にチョコレートが印刷され、その断面が１本の中で次第に変化して物語が展開することが子どもたちの支持を受け、当時大ヒットした。発売から数年後には、日本の昔ばなし、イソップ童話やグリム童話、SFファンタジーなどのシリーズが一房のセットとして販売された。中に入れるチョコレートの甘さや硬さなどの種類はもちろんのこと、バナナの色も黄色だけでなく、カラフルなものが登場した。今では広く普及し、気軽に食べられるものになっている。スーパーマーケットなどで買ったり、サブスクリプションの印刷プログラムを購入することで、自宅で印刷したりもできる。

　子どもが幼いときによく食べさせていた「たろうバナナセット」を近所のコンビニで見つけ、懐かしくなって購入した。包丁で切り分けながら食べると、断面に描かれた小さな物語の変化が見えて何ともかわいらしい。このたろうシリーズは、発売当時から一番の人気商品で、10年以上も変わらず販売されているロングセラー商品である。

　さらに昔、元祖のチョコバナナといえば、縁日などで売られる、バナナの表面にチョコレートをコーティングしたもので

きんたろう
チョコバナナ

ももたろう
チョコバナナ

うらしまたろう
チョコバナナ

バナナのシールも懐かしい感じがする。

【物語チョコバナナ】

AD 2055

きんたろうチョコバナナのストーリーは、おもに5段階で構成される。

あった。それが3Dフードプリンターで印刷するチョコバナ
ナの登場によって、チョコレートinバナナの形状となり、季節
や場所を問わずいつでもどこでも食べられるものになった。
そして何といっても、食べものに物語を搭載し、絵本のよう
な表現ができるようになった。

　物語チョコバナナがヒットした理由は、その見た目の面白
さや物語のエンタメ性もあるだろうが、食べたときの食感や
味の楽しさも要因の一つだろう。チョコレートで全体が覆わ
れている昔のチョコバナナと違い、物語チョコバナナの構造
では、外側のバナナの食感や味をまず感じているところに、
徐々に内側のチョコレートの味が混ざり合ってくるという特
徴がある。さらに、次々と変化する絵柄によっても、チョコ
レートの食感が異なってくるため、食べることに飽きないの
である。そんなことを考えつつ、わざと斜めに食べたり、削
り取るように食べたりしていたら、4本のバナナをあっとい
う間に完食してしまった。

生鮮食品が印刷される未来

生きものの形に依存しない料理

　私たちが普段食べている野菜や果物、肉や魚などの生鮮食品は、もともと「生きもの」である。生物はそれぞれ固有の形を持っており、生物の組織構造や化学成分などが、最終的な料理の食感や風味に影響している。しかし、食品を一から印刷できるようになったら、料理はどのようなものになるだろうか。

　本来、植物に含まれる硬い繊維質はその形を保つために必要なものであり、動物のたんぱく質からなる筋肉は体を動かすためになくてはならないものである。生きものにとって、その体を構成するパーツの形とはたらきである「機能」には密接な関係がある。

　一方で、生物に求められる機能と食品に求められる機能はイコールではない。たとえば、まっすぐに大きく育った竹は雨風に耐え忍ぶが、人間が食べるには固過ぎる。牛のアキレス腱はその体を支えるのに重要なはたらきをしているが、人がおいしく食べるには長時間かけて煮込まなければならない。私たちが普段食べ

ている食品は、自然界の中から食べやすいもの、おいしいもののみを選抜した結果といえる。

　3Dフードプリンターによって、あらゆる形の食品を印刷できるようになれば、これまでの制限であった、生物が元来持っている「構造」に依存する必要はなくなる。レタスが魚の見た目になり、魚がレタスの見た目になるかもしれない。

「食の記憶」からの開放

　他方で、食を自由にデザインできるようになったとしても、その人が食べたいと思う料理は、それまで食べてきたもの、すなわち、個人の「食の履歴」が基盤となるであろう。たとえば、以前からステーキが好きな人は、ふわふわしたメレンゲのような肉が3Dフードプリンターで印刷できたとしても、結局はずっしりとした塊肉を印刷することが多いであろうし、ブロッコリーが好きな人は、よく見慣れた、花が咲く前のつぼみが膨らんだ状態のものを印刷したがるだろう。

　さらに私たちは、個人の「食経験」だ

けでなく、人類の食の記憶である「食文化」の影響を根強く受けている。先史時代のような狩猟採集をしていた頃の人類は、多種多様な食べものを食べていたといわれるが、農業の開始・発展によって、小麦、稲、じゃがいもといった一部の植物が世界中に広がり、それらを集中的に食べるようになった。3Dフードプリンターによる料理は、自然界の食材が持っている形の制限をなくすポテンシャルを有しているが、現在に生きる私たちは、「食品＝生物」の影響が大きい料理を食べ続けるであろう。

しかし、時代が進み、小さい頃から3Dフードプリンターの料理を食べる「3Dフードプリンターネイディブ世代」が台頭してくれば、これまでの人類が築いてきた食文化が劇的に変わる可能性がある。

食品を"本当に"理解するということ

小麦を潰して小麦粉にすることで、パンや麺などの料理が生まれたように、3Dフードプリンターによって、粒子状にしたあらゆる食材を自由に造形することができれば、食品の形は無限にデザインできることになる。この食材の分解と合成といったプロセスは、食のサイエンスの分野にどのような知見をもたらすであろうか。

これまでに食品に含まれるさまざまな成分が明らかにされてきた。大豆に含まれる油脂やさとうきびに含まれる砂糖に代表されるような成分だけでなく、健康機能やおいしさに関わる成分なども分析されている。さらにそれらの成分は、食品加工の技術によって抽出・精製され、さまざまな加工食品として利用されている。

食品学がさらに発展すれば、食品を構成する成分や機能がすべて明らかになる日が来るかもしれない。その成分を素材にして、3Dフードプリンターで元の食品と寸分違わない構造を組み立てることができたとしたら、できたものは元の食品と同じものになるはずである。食品学的にその食品を真に理解したということは、その食品を完全に再現したこととほぼイコールである。

食品学では、分子生物学のように食品を細分化して調べることなどが行われてきた。この分解して解析する学問の先には、「合成食品学」という分野が立ち上がり、発展するのではないかと考えられる。すなわち、食品を分子レベルのパーツに分解しながら解析した後に、分子レベルからパーツを使って構築し、検討するという学問である。

1 - 2 DIARY

〖 食べる建物 〗

食べた日	NOV 5, 2055
食べたもの	TABETATE（レギュラー、やわらかめ、かためセット）
原材料	強力粉、薄力粉、砂糖、バター（食塩不使用）、乳製品、卵、立体造形剤
販売者	株式会社TABETATE
製造者	立体食品造形株式会社
商品情報	製法にこだわり、より本物の建物に近い形状に作り上げました。食感で、建物の造りを感じることができます。日本建築のそれぞれが持つ素晴らしさを、ご賞味ください。繊細な構造をしていますので、持ち運ぶ際は、破損しないようにご注意下さい。
購入・入手場所	駅構内のTABETATE店舗
気づいたこと	○ 単品購入できる他、いろいろなシリーズのセット販売もされている。 ○ それぞれの建物ごとに食感が異なるので、いくつか購入して食べ比べをすると、建築の違いが体感できる。 ○ 観光地の建築物の中には、実際の館内でTABETATEを食べられるカフェなどを併設しているところもある。

〖 食べる建物 〗

AD 2055

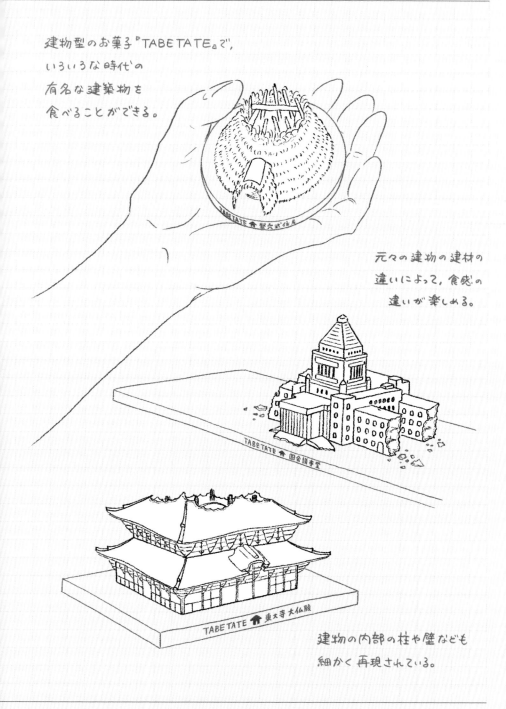

建物型のお菓子『TABETATE』で、
いろいろな時代の
有名な建築物を
食べることができる。

TABETATE 🥢 竪穴式住居

元々の建物の建材の
違いによって、食感の
違いが楽しめる。

TABETATE 🥢 国会議事堂

TABETATE 🏠 東大寺大仏殿

建物の内部の柱や壁なども
細かく再現されている。

新新なかたちをデザインすることができる

1-2 DIARY

FRI,
11/5
2055

建物の　強さは噛んで　確かめる

仕事帰り、立ち寄った駅ビルで『TABETATE（レギュラー、やわらかめ、かための３セット）』というお菓子を買った。３Dフードプリンターで精巧に作られた、建物の形をした食品だ。縄文時代の竪穴式住居、東大寺大仏殿、国会議事堂の３個は、小さなフィギュアのように見える。店のショーケースには、他にもさまざまな有名建築物が並んでいて、ミニチュアの街を眺めている気分になった。

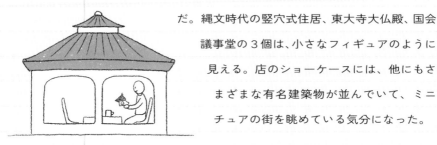

観光名所の建物の中で、TABETATEを食べることができる。

家に着いてからお菓子をテーブルに並べ、まじまじと観察した。柱の装飾など細かいところまでよくできている。まず、レギュラーの硬さの東大寺大仏殿を上からかじると、中に柱や壁などが見えた。内部の構造も再現されているのだ。中央には小さな大仏が鎮座していた。食べた後、自分の体に取り込まれることを想像すると不思議な気持ちになった。

それぞれの建物の食感は、建材ごとにバリエーションがある。竪穴式住居の草を葺いた屋根に相当する部分は、口の中でほろっと崩れる繊細な食感で、柱などの木の部分は、表面がサラッとして中は少しもっちりしている。特徴的な土の床部分は、こってりとした舌触りだ。一方、国会議事堂の鉄筋に相当する部分は、奥歯で強く噛んで割れるくらいの硬さで、

バリバリとした食感がある。どれもふわっとした甘い香りと優しい甘さだ。味はシンプルで、食感を楽しむお菓子である。

　このお菓子は、リアルな「お菓子の家」として広く人気があるようだ。調べてみると、主要な駅の店頭で売られる有名建築物の他にも、全国の観光地の駅やお土産屋などでは、その地域のシンボリックな建物のTABETATEが販売されていた。札幌では時計台、大阪では通天閣、姫路では姫路城などがある。ご当地ものは日本以外でも売られており、ビッグベンやサグラダファミリアなどがあるようだ。また、時代ごとに分けた歴史シリーズもあり、先史時代、古代、中世、近世、近代、現代の分類でセット販売されているので、歴史を軽く学ぶのに良さそうだ。

　私がTABETATEに初めて出会ったのは、本物そっくりの東京タワーの形のお菓子を、実際の東京タワーの中で食べたときだった。お菓子の形があまりにもリアルに作られているので、建物の中に私がいて、私の中にも同じ建物があるという、入れ子構造の中に自分が入ってしまったような衝撃を感じ、妙な気持ちになった。たまにその体験を思い出すことがあり、そんなときはTABETATEを買いたくなるのだ。

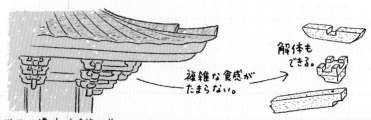

複雑な食感がたまらない。
解体もできる。
特徴的な様式の古建築は、美しい上においしい。

新新なかたちをデザインすることができる

風味と双璧をなす「テクスチャー」のおいしさ

料理の中に"織り込まれる"おいしさ

　外側がパリっと焼け、内側がもちっとしたフランスパンのバゲット。表面がほろほろと崩れるパイ生地とシャクッとした歯ごたえが残る紅玉りんごのコントラストが特徴のアップルパイ。味や香りが同じであっても、湿気たパンやパイ、気の抜けたビールやコーラは、やはりおいしくないものである。

　食べもののおいしさには、舌や鼻で感じる風味だけではなく、口にしたときの歯ごたえ、口あたり、舌ざわり、のどごしなどの物理的な「触覚」が大きく影響する。このような食べものを口に入れ、咀嚼し、飲み込むまでの唇・歯・舌・口蓋・喉などで感じるさまざまな物理的な感覚は、「テクスチャー（texture）」と呼ばれている。もともと"織る"、"編む"という意味のラテン語「テクソ（texo）」から派生した言葉で、"織物の風合い"という意味で使われている。

　テクスチャーという言葉の定義は難しく、いくつか提唱されているが、1962年にアメリカのゼネラルフーズ社に勤めていたアリーナ・ツェスニャクは、「テクスチャーとは、食品の構造的要素（分子レベル、微視的および巨視的なレベルの構造）と生理感覚的に感じ取られる要素の両者を含有したものである」とし、現在、この定義が広く知られている。すなわち、料理を食べたとき、人間が口の中で感じられる物理的感覚「食感（mouthfeel）」と食べものが持っている物理的な性質「物性（physical property）」を合わせたもので、式で表すなら、「テクスチャー」＝「食感」＋「物性」と表現される。

テクスチャーは風味にも影響する

　料理の中に存在する、舌で感じる甘味・塩味・酸味・苦味・うま味といった味覚成分や鼻で感じる香りの嗅覚成分が形成しているのが「化学的なおいしさ」であるとすると、唇、口腔内、咽頭、歯などで感じるテクスチャーは、料理の物性を反映する「物理的なおいしさ」である。テクスチャーは、風味とともに料理のおいしさに影響する食品の二大要因である。

　この化学的なおいしさと物理的なおい

しさは、食べものの種類によって、それぞれの貢献度が変わる。歯で噛んで食べるクッキーなどの固形の食品では、テクスチャーの影響力が強く、そのまま飲み込むジュースなどの液体の食品では風味の影響が強い。

また、風味成分である味や香りの分子が食品のテクスチャーを変えることは少ないが、テクスチャー分子は食品中の味や香り分子の口の内での拡散速度を変えるため、間接的に風味の強弱を変化させる。たとえば、あずきから作られる固体のあんの糖度は約60%と高いが、液体のさらさらしたおしるこで同じ糖度にすると甘過ぎると感じるため、普段、私たちが食べているおしるこの糖度はあんと比べてだいぶ低く抑えられている。

さらに、固形の食品は、液体の食品よりも口の中にとどまる時間が長く、その間にテクスチャーは刻一刻と変化する。そのため、料理のおいしさに果たす物理的な役割は、風味よりも大きいと考えられている。

世界に類を見ない
テクスチャー好きな日本人

日本人の主食であるごはんは、その適度な硬さや弾力性、そして粘りなどがおいしさを左右している。さらに、小魚や煎り大豆の歯ごたえや、トロや霜降り和牛のとろける食感、天ぷらの衣のサクサク感と具材のジューシー感のコントラストなど、日本料理におけるテクスチャーの役割は、想像以上に大きい。

特に日本人の食文化は「のどごし文化」ともいわれ、うどんやそば、ところてんや茶碗蒸しなど、のどを通過するときの感覚を楽しむ料理がたくさんある。グルメレポーターは料理の味を表現するとき、柔らかい、とろけるなど、味や香りの感想よりもその食感を表現する言葉を多用していることがよくある。

実際、日本語のテクスチャーを表す言葉、サクサク、つるつる、ぷるぷる、ぼそぼそなどは、他の言語に比べてかなり多いことが調べられている。アメリカ人が使うテクスチャー用語が合計77語であったのに対し、日本人が使う用語はその5倍以上の406語もあったという報告もある。

日本語におけるテクスチャー用語の豊富さは、日本料理に多彩なテクスチャーがあるというだけでなく、食べる人がその食感を敏感に感じ取り、さらにそれを表現する術も持っているということを表している。

〖 浮かぶラーメン 〗

食べた日	JAN 15, 2055
食べたもの	浮かぶラーメン（醤油）
内訳	麺、醤油味スープ、チャーシュー、なると、メンマ、ねぎ、海苔
店名	かすみを食う・本店
席数	18席（カウンター 10席、テーブル 4人×2卓）
営業時間	11:00～14:00、17:00～21:00
その他のメニュー	浮かぶラーメン（味噌） 浮かぶラーメン（塩） 浮かぶラーメン（重ねチャーシュー） 浮かぶラーメン（ねぎ散らし） 追加トッピング：味玉、角煮 替え玉
気づいたこと	○麺や具材は、羽毛や凪のようにふわっと浮かぶように作られている。 ○特殊などんぶりの設計で、具材はそれぞれが一定の高さで浮遊し続ける。 ○追加トッピングは盛りつけて運ぶのが難しいらしく、注文すると目の前でどんぶりの上に浮かべてくれる。

極軽の麺と具材がどんぶり上に浮かぶ「浮遊系ラーメン」。
特殊な器から立ち上り続ける湯気で、
具材も浮遊し続ける。

箸で麺を空中から引き下ろし、
ラーメンスープの中につけてから食べる。

斬新なかたちをデザインすることができる

1 - 3 DIARY

**FRI,
1/15
2055**

最近は　具材が浮かぶ　ラーメンがうまい

　学生の頃は、濃厚なラーメンを毎週のように食べに行ったが、歳を重ねると、あっさり系のラーメンを好むようになった。最近、登場したあっさり系といえば、「浮遊系」である。浮遊系のラーメンを定義するなら、麺や具材が空中に浮いていることだといえるだろう。麺は極めて軽いふわふわ麺、トッピングはチャーシュー、なると、メンマなどのオーソドックスなものだが、すべて極軽だ。

　昼どき、浮遊系の元祖である「かすみを食う・本店」に行った。開店15分前に店に着くと、すでに30人以上の長い行列があった。しばらく待ってから入店し、食券を買い、席に座った。注文したのは王道の『浮かぶラーメン（醤油）』だ。

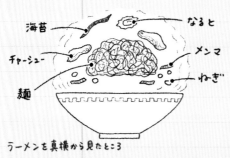

海苔
チャーシュー
麺
なると
メンマ
ねぎ

ラーメンを真横から見たところ

　ほどなくして、熱々のどんぶりが運ばれてきた。どんぶりから立ち上る湯気の中に、さまざまな食材が浮遊している。どんぶりが運ばれる振動で食材がゆらゆらと揺れ、少し心配になる。そして、テーブルに静かに、そのラーメンは置かれた。どんぶりの中には、醤油が香るラーメンスープがなみなみと入っており、麺、チャーシュー、なると、メンマ、ねぎ、海苔がスープの湯気で浮いていた。麺はザルを裏返したようなドーム状の塊になっている。

屈まずに食べる
人もいる。 ←

麺の替え玉をたのむと、そっと乗せてくれる。

その手前の方を箸でそっとつまみ、下へ引き下ろして、どんぶりの中のスープにつけてからすすった。箸から伝わってくる感触がないほど軽いのに、スープと絡めると独特のしっとりした食感になる。ふわふわと浮かぶチャーシューはそっと奥の方にずらし、後の楽しみにした。どんぶりの上空で箸を上下左右に動かしながら食べ進めた。それぞれの具材は、基本的にふんわりしているが、どれも違った舌触りで、一般的なラーメンの具材とは全く異なる新しい食感だ。スープをレンゲですくって飲むと、麺と具材の位置が少しだけ下がる気もするが、どんぶりには特殊な加工がしてあり、食べ終わるまでは湯気が出続ける仕組みになっている。カロリーが普通のラーメンの約1/3しかないのに、食べたという満足感があった。

　この不思議なラーメンの麺と具材は、すべて3Dフードプリンターで印刷されたものだ。店の説明書によると、元は流体力学の専門家だった店主が、3Dフードプリンターの技術に注目し、自分の長年の妄想だった"空飛ぶラーメン"を完成させたい、と思ったのがきっかけらしい。自分の培った能力で夢を叶えることは、私の夢でもある。一杯のラーメンに思わず感銘を受けた日だった。

イノベーションを引き起こす テクノロジーの正体

生物の進化とテクノロジーの進化は似ている

斬新な料理を作ることは、それを作るための「テクノロジー」に大きく影響を受ける。実際、新しい調理技術、調理機器などの登場で、新しい料理が生まれることはよくある。新しい食のテクノロジーである3Dフードプリンターによる料理の未来を考える上で、「テクノロジーの進化」について目を向けたい。

米国の技術雑誌『Wired』の創刊編集長であったケヴィン・ケリーは、「テクノロジーは生物学と同じような方法で理解できる」と、その著書『テクニウム』で語っている。

「生物の進化」の特徴として、徐々に「複雑化」していることが挙げられる。生物個体の進化をざっくりと見れば、まず「自己複製する分子」から始まり、それがより複雑な構造を持ち、自己維持できる「染色体」へ移行し、さらに「原核生物から真核生物」へと複雑化してきた。

この生物個体の複雑さに加え、生物種の「多様化」も進んだ。実際、地球上に生存している生物の種の数は、過去6億年の時間を経て、劇的に増加している。地球の歴史のある時期には、小惑星の衝突などがあり、多様性を後退させることもあったが、全体的に見れば、多様性は広がっている。現在の生物の分類学上の多様性は、2億年前の恐竜時代に比べて約2倍となっている。

テクノロジーの進化でも、生物学の進化と同じような傾向を見て取れるとケリーは語っている。

たとえば、最もシンプルな調理道具である「包丁の進化」を考えてみる。まず石器時代に、黒曜石を割ったものが包丁の原型であり、その後、それを手で握るための柄がつき、さらに刃の材質は、青銅、鉄、鉄鋼、炭素鋼、ステンレス鋼、モリブデン鋼などへと変わっていった。さらに、形も和包丁、洋包丁、中華包丁など、多様な種類の包丁が生まれた。比較的シンプルな調理道具の包丁ですら、それは生物の進化のように、複雑化と多様化を重ねてきた。刃を丈夫なものにし、かつ鋭く研ぐにも、それぞれの技術の発展があって成し遂げることができたのである。

3Dフードプリンターなどが発達することによって、調理道具のみならず、未来の料理も複雑性と多様性をますます増大させていくものと考えられる。

テクノロジーは善なのか悪なのか

食のテクノロジーは、私たちに利便性やバリエーションの豊かさなどの恩恵を授けるであろうが、何か厄難が降りかかることはないのだろうか。

技術発達の歴史を研究する技術史の専門家に、米国人のメルヴィン・クランツバーグがいた。彼の長年にわたる技術史研究を踏まえた上で、1985年に提示された「クランツバーグの法則」というものがある。6つある法則の中で、第1法則として挙げられているのが、「Technology is neither good nor bad: nor is it neutral. (テクノロジーは、善でもなければ悪でもない。そして、中立でもない)」というものである。

「テクノロジーの価値」をどう捉えるかは、歴史上いろいろな考え方があった。テクノロジーによる恩恵とその進歩を高らかに唱える立場もあれば、その悪魔的な性質を糾弾する立場もあった。さらに、その中立性を主張する立場もあった。クランツバーグは、これら3つの立場をどれも否定した。すなわち、テクノロジーは、

それが置かれた状況によって、さまざまな帰結を生むという主張であった。

テクノロジーによって善きものが生み出されるか、悪しきものが生み出されるかを、簡単に割り切って考えることはできないだろう。たとえば、食材を切る包丁を作る技術が善で、人を斬る刀剣を作る技術は悪である、と単純にいうことはできず、また、刀剣を包丁に鍛え直せば、悪から善に転換できるわけでもない。包丁と刀剣を作るテクノロジーが同じでも、異なった環境や異なった文脈に置かれると、まったく異なる結果をもたらしうるのである。そのため新しく登場したテクノロジーが、どのようなものなのかということ以上に、どのような社会に置かれ、どのように使われるのかを注視する必要がある。

新しい食のテクノロジーは、ある面では革新的なイノベーションを引き起こすと予想されるが、また別の面ではそのイノベーションによって大事なものが破壊される可能性もあることをあらかじめ認識しておくことが大切であろう。

CHAPTER **2**

時間によって
変形することができる

時 間 に よ っ て 変 形 す る こ と が で き る

〔 メ タ モ ル フ ォ ー ゼ ・ パ ス タ 〕

サナギのパスタを茹でると、一瞬でチョウに "変態" する

サナギの形の乾燥パスタの内部
は、複雑に折りたたまれており、茹
でることで広がり、チョウの大き
さになる。リアルな形の面白さ、奇
妙さだけではなく、茹で上がりの
サイズに比べると、かなりコンパ
クトな状態でストックできるのも
利点だ。

茹で上がった後も、羽を広げた形が綺麗に保たれるように設計されている。モンシロチョウの羽の模様は、パスタの表面に溝などの凹凸をつけて表現している。平麺タイプのパスタなので、ミートソースやクリームソースなど、濃厚な味つけと特に相性が良い。

時　間　に　よ　っ　て　変　形　す　る　こ　と　が　で　き　る

食べものがトランスフォームするおいしさ

　当たり前であるが食べものの形は、調理、食事、咀嚼中に変化する。調理の場合、料理をおいしそうな見た目にするのは意図的な変化であるが、できあがった料理が、口の中、胃の中でバラバラな形になるのは偶発的な変化である。食べものを作るとき、食べるときの時間による形状の変化を完璧にコントロールできれば、食の可能性はより広がるであろう。たとえば、サナギの形をしたパスタを茹でて、羽ばたくチョウの形に"変態"させることも可能である。「食×時間変化」にフォーカスした３Dフードプリンティング、すなわち「４Dフードプリンティング」について考えてみる。

　４Dとは、３Dの縦・横・高さに「時間軸」を加えた４次元のことである。たとえば、映画館の４Dシアターでは、３次元の映像に加えて時間的な要素（映像と連動した振動や香りなど）を組み合わせて、より没入感のある体験を提供している。

　３Dプリンティングは、３次元のデジタルデータから立体の物体を造形することであるが、４Dプリンティングは、３Dプリンティングと同様にものを形作り、さらに「素材をある条件下で変形する」ことを指す。すなわち、特殊な素材や構造によって製造された４D印刷物は、熱、水、光、圧力、振動など外部刺激に応答して形状を変えることができる。実際に温度変化によって、花びらが開閉するような動きをするものも開発されている。

　熱など、ある条件によって形状が変化する素材として、形状記憶合金は古くから知られている。変形させても、特定の温度を超えると元の形状に回復する性質を持つ。この形状記憶をセラミックやプラスチックなどの柔らかい「ソフトマター」に応用したのが、現在の４Dプリンティングである。

工業製品の部品の他、義肢や人工血管、人工臓器などの医療分野への応用が考えられている。さらに、ソフトロボット分野への応用として、損傷を受けたロボットのボディが4Dプリンティングの動的構造として自己修復する機構も考えられている。

　料理は、ある意味、食材を変形させて作られ、さらに口の中で咀嚼され、また別の形に変形するという、時間によって立体の形が変わることが宿命づけられている"4D的"なものである。逆にいえば、その立体×時間の変化を楽しむのが食であるともいえる。

　たとえば、ごはんのおいしさは何かと考えた場合、この時間の変化の影響が大きいといえる。おいしさにおいて、食べる過程で変化する粘りや弾力などのテクスチャーの役割は決して少なくない。

　ごはん粒のように、天然の食材は立体構造が複雑で多様なものが多く、それが摂食などによって経時的に変化することで飽きないおいしさを提供している。その構造を4Dフードプリンターで再現でき、さらには天然を超える形が創造できたら、私たちの食文化はまさに次元を超えるようなものになると予想される。

KEYWORDS: 4Dプリンティング　形状記憶　知能材料
生物模倣　可食ロボット　踊り食い

〖 メタモルフォーゼ・パスタ 〗

食べた日	MAY 21, 2055
食べたもの	リアル・ファルファッレ（モンシロチョウ、アゲハチョウ）
原材料	デュラム小麦のセモリナ、タピオカでん粉、変形剤
販売者	メタモルフォーゼジャパン株式会社
製造者	La metamorfosi S.p.A.
商品情報	標準茹で時間8秒 茹でるとサナギが開き、チョウの形になる、独自の変形製法（特許取得中）。 コシのあるパスタで、しっかりしたソースが合う平麺タイプです。 パスタ表面にもソースがよく絡む、チョウ柄加工で作っています。
購入・入手場所	スーパーマーケット
気づいたこと	○ パスタの大きさが、チョウの種類によって違う。 　大きいサイズはアゲハチョウ（ムラサキアゲハ）、 　中くらいのサイズはモンシロチョウ、 　小さいサイズはシジミチョウなど。 ○ パスタの色はセモリナ粉の黄色一色で、 　チョウの模様は表面の凹凸で表現されている。 ○ イモムシ型のニョッキもあり、 　茹でるとカブトムシ型になる。

サナギ型の乾燥パスタを茹でるとチョウ型に広がる。
複雑に折りたたまれて印刷されるので、
コンパクトに保存できる。
瓶に入っているのはアゲハチョウのパスタ。

モンシロチョウとアゲハチョウのパスタを、
ブロッコリーと菜の花の上に盛りつけた。
味はトウがらシ、黒コショウ、ガーリックオイルで
シンプルに仕上げた。

【メタモルフォーゼ・パスタ】

AD 2055

FRI,
5/21
2055

茹で上がる　チョウのすがたに　舞い上がる

　子どもの頃は、自然が豊かな場所に住んでいたこともあり、身近なところに多種多様な昆虫がいた。特に、チョウに夢中になった時期がある。春から秋は、近所を歩き回ると、さまざまな種類のチョウを見つけることができた。冬には、木の葉の陰や軒下に隠れているサナギを探した。アゲハチョウ、キアゲハ、モンシロチョウ、ベニシジミなど、いろいろな種を調べて知った。毛虫がチョウに変態する劇的なプロセスに惹かれ、アゲハのサナギを見つけては、羽化する瞬間を辛抱強く観察したこともある。小さく固まったようなサナギが、しばらくすると大きな羽を持つチョウへと変わるのだ。

　今ではサナギを観察することはなくなったが、よく『リアル・ファルファッレ』という名前のパスタを買っている。茹でる前はサナギの形をしている乾燥パスタで、茹で上がると羽化したチョウのような形になる。チョウをモデルにしたファルファッレと呼ばれるパスタは古くからあるが、このリアル・ファルファッレは、昔、観察していた本物のチョウと見間違えるくらい精巧に作られている。

　このパスタはお湯の中に投入すると、10秒も経たないう

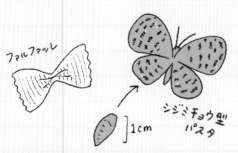

ファルファッレ

シジミチョウ型
パスタ

]1cm

小型チョウのパスタのサナギは、特にコンパクト。

ちに形が変わる。お湯の中で瞬時に広がったパスタをザルに引き上げ、水気を切るためにザルを上下に振ると、チョウが跳ねて網の中から飛び立つように見えてくる。リアル・ファルファッレはいろいろなチョウの種類が売られており、メジャーなものではアゲハチョウやモンシロチョウがある。世界の珍しいチョウのシリーズなども季節ごとに販売されている。

リアル・ファルファッレの見た目がリアル過ぎて、昆虫嫌いの人は売り場を見るのも躊躇してしまうかもしれない。しかし、原材料に良質な小麦が使われているため、一度食べると、味のおいしさにも惹かれまた食べたくなる。平麺タイプで、チョウの模様が凹凸で細かく表現されているので、ひき肉たっぷりのミートソースや濃厚なクリームとよく絡み、特に相性が良い。また、菜の花やブロッコリーの上にパスタを盛りつけると、なんとなく自然な感じがして楽しい。

卵黄
クリームソース
ベーコン
ひき肉たっぷり
ミートソース

チョウのパスタをソースなどの上に盛りつけると、楽しい雰囲気になる。

パスタがサナギ型に複雑に折りたたまれて、茹でるとチョウ型に広がる構造は、煮えたぎる鍋に顔を近づけて観察してもよくわからない。この食べものを開発した人も、たぶん強烈に、虫の変態に興味のあった人なのだろうと思う。

変幻自在の食べもの

4Dプリンティングの隆盛

「4Dプリンティング」という概念が知られるようになった一つのきっかけがある。日本で3Dプリンターが大きな注目を浴びたのは2012年頃であるが、その翌年の2013年に、米国マサチューセッツ工科大学（MIT）のスカイラー・ティビッツが『世界を変える4Dプリンティング』というTEDトークを行った。この講演で、3Dプリントされたものが"新たな能力"として、「ある形から別の形に自力で変形できるようになる」というプレゼンテーションがあった。具体的には、棒状の造形物が勝手に折れ曲がり、「MIT」という文字になる例などが紹介された。

生体内におけるたんぱく質などの分子は、決まった構造に折りたたみ（フォールディング）が起こることで、酵素反応といった生命現象における機能性を発揮するようになる。そのような小さな生体分子と同じように、人間が認識できるサイズの巨大な造形物においても、環境に応じてねらった形に構造変化を起こし、自己組織化などができるという可能性をティビッツは示した。

「知能材料×外部刺激」が持つ可能性

その後、このティビッツにインスパイアされた4Dプリンティングに関する研究がさかんに報告された。現在、4Dプリンティングは、「3Dプリンターで造形されたものが、"時間"によって、周りの環境に応じて形状や機能、特性、位置などで変化すること」という定義に収束しつつある。

4Dプリンティングの最大の特徴は、「知能材料（スマートマテリアル）」を使うことである。知能材料とは、外部環境に応答して、変形などの動作を起こす材料のことである。たとえば、ハイドロゲルは、3Dプリンターで印刷した後に水中に入れると、水を吸って膨張し、特定の形に変形する性質がある。知能材料には、ハイドロゲルの他にも、形状記憶ポリマーや機能性ゴムなどがある。

この知能材料と変形するための「外部刺激」を組み合わせた4Dプリンティングが、製造業に大きな改革をもたらすこ

とが期待されている。たとえば、薬物輸送システム、自己修復ハイドロゲル、熱流と冷流を制御する知能バブル、バイオ折り紙などが考えられている。

昆虫の動きを模倣した食品の開発

　食品もある意味、知能材料であるといえる。茹でる、焼くといった刺激でその形が少なからず変化する。しかし、狙った構造にするというよりも、食材成分がもともと有する性質への依存が大きく、その時間変化もダイナミックとは限らない。

　2017年、4Dプリンティングと食品のプリンティングを融合する画期的な研究が報告された。MITのグループが開発した、水につけたり茹でたりすると、"プログラムされた形状"に折りたたまれるパスタというものである。具体的には、平たいパスタのようなものを水に入れると、立体的にねじられたマカロニのような形などに徐々に変形していくというものであった。この特殊なパスタは、「Transformative Appetite（変幻自在の食欲）」という名前がつけられた。

　Transformative Appetiteのプロトタイプは、異なる密度のゼラチン2層と、その上に3D印刷されたセルロースの計3層から成り、水に反応することで、それぞれの層が異なる速度で水分を吸収するため、膨らみ方にムラが出てさまざまな形に変化する。セルロースはほとんど水を吸収しないため、ゼラチン層に水を入らなくさせる役目をはたし、セルロースのプリンティングの仕方によって膨らみ方をプログラムおよびコントロールできるというものである。

　この変形プロセスは、コンパクトに食品を収納する「フラットパッケージング」と相性がよく、将来、輸送コストを大幅に削減できる可能性が考えられている。そのため、「4Dフードプリンティング」による食は、アウトドア食や、非常食などとしても有望であり、形が変わる食として食文化の幅を大きく拡張できる可能性がある。

　この4Dプリンティングの"お手本"とされているのは、生きものであり、昆虫などの生物の動きを模倣する知能材料の開発やその動的機構が、この分野に導入されていくと思われる。サナギからチョウに変態したパスタが、パスタソースをかけることでさらに羽ばたくメニューができる可能性も決してゼロではないだろう。

2-2 DIARY

〚 形状記憶シリアル 〛

食べた日	FEB 6, 2055
食べたもの	2055年2月6日の星空シリアル
原材料	オーツ麦、ライ麦、玄米粉、米粉、小麦ふすま、小麦粉、いちご、りんご、パパイア、レーズン、かぼちゃの種、アーモンド、ココナッツ、圧縮剤
販売者	マロッグ株式会社
製造者	株式会社コンプレスド
パッケージのコピー	ひとさじ、星をすくって 朝食のミルキーウェイ やさしい素材の甘さ
取り扱い説明 （注意書き）	そのまま食べるとお腹の中で膨れる恐れがあります。牛乳などで十分に膨らませてからお召し上がりください。 シリアルは正確な星座表としての使用はできません。
購入・入手場所	オンライン
気づいたこと	○ その日の空に見える代表的な星座が入っている。 ○ 星の配置は容器などによっても変わってしまうため、正確ではない。 ○ 星座表がパッケージの裏についている。 ○ 圧縮剤などで加工された、圧縮フードの一つ。

日付の引き出しに、
一粒の小さな星型シリアルが入っている。
牛乳に入れると、パッと広がって
たくさんの星座になる。

SAT,
2/6
2055

牛乳に　星が広がる　朝ごはん

　ここ最近、シリアルにはまり、毎朝食べている。『星空シリアル』という商品だ。パッケージはコンビニで売っているお菓子の箱くらいのサイズで、側面に月カレンダーがついている。日付の一つ一つは小さな開閉式の引き出しになっていて、そこに一粒だけ、シリアルが入っている。シリアルは親指の先くらいの小さな星型だ。牛乳を注いだ皿に一粒の星をポトッと落とすと、白い液面に星空がパッと広がるように、数々の星座の形をしたシリアルが現れるのだ。

スプーンでかきまぜて、流星群や新しい星座を作る"遊び食べ"も楽しい。

　オンラインで買う場合は、場所、方角、時刻などの詳細な設定ができるので、自分の好きな星空のシリアルが食べられる。いろいろな星座を見つける面白さはもちろんだが、広い天の川に浮かぶ星々を食べている気分になったり、スプーンで天空を動かす気分を味わえたりと、朝食が楽しい。シリアルの星や星座線は、オーツ麦、ライ麦、玄米粉など食物繊維やミネラルの多い穀類から作られており、牛乳と合わせると栄養価が完璧になるところも、毎日食べている理由である。

【 形状記憶シリアル 】

AD 2055

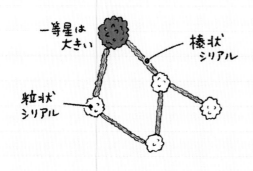

一等星は
大きい

榛状
シリアル

粒状
シリアル

星座は粒状シリアルと棒状シリアルで構成される。

星座シリアルは、圧縮タオルなどと同じような仕組みで、液体に入れるとすぐに膨張する。何年か前に登場した、圧縮フードという食べもののジャンルの一つだ。また、圧縮したものが変形して、圧縮前の形に戻ることから、「形状記憶フード」ともいわれている。

形状記憶フードの実用化には、３Ｄフードプリンターが一役買っている。シリアルの復元力を高めるような複雑な構造を、細部までデザインすることができるからだ。

形状記憶フードは非常にコンパクトに収納でき、災害時やアウトドアなどにもよく利用される。ただし、乾燥した状態のものをそのまま口に入れると、体内で水分を吸って膨張するので危険だ。商品のパッケージには、必ず元の形状に戻してから食べるようにとの注意書きがある。

今日は気だるい朝だったが、牛乳の中に冬の大三角形を発見すると、なんとなく気持ちが晴れた。シリアルを構成する星座が、日付によって変化したのがわかるときと、全く気がつかないときがあって、心の余裕があるのかないのか、それを知るちょっとしたバロメーターにもなっている。

食べ飽きない主食の構造とは

テクスチャーでごはんがおいしい

　朝食の主食の代表格といえば、ごはん、パン、シリアルの3種であろう。特にごはんは、古来より日本人の主食であったため、小さい頃からの食習慣によって、ごはんの好みを学習していく。さらに、白い米飯だけではなく、炊き込みごはん、寿司、チャーハンなどの料理によって、おいしいごはんのイメージは変わるため、おいしいごはんを一義的に定義することは難しい。しかし、日本人の大多数がおいしいというごはん、おいしくないというごはんは存在するだろう。

　私たちは、ごはんのどこにおいしさを感じているのだろうか。これまでの米の食味試験結果などから、粘りや硬さなどの物理的な特性がおいしさの7割を占め、残りの3割が光沢などの外観、におい、甘味やうま味などであることが報告されている。ごはんの粘りや硬さは、植物体である米粒の組織やその内容物を支えている成分の物理的な性質に依存し、味やにおいは、加熱調理過程の影響を受ける。

　主食は、ごはんにしろパンにしろシリアルにしろ、飽きがこないという点が重要である。そのため主食は、おかずほど強い味や香りを持っているわけではない。ごはんも噛みしめるとほんのりとした甘味やうま味を感じるが、ベースは淡白な味であるため、ごはんのおいしさに、粘りや弾力などのテクスチャーの役割が大きいことは当然である。

　ごはんのおいしさである粘りを考える上で、米粒内の分子構造を理解しておくことは大切である。玄米を精米して、外側のぬか層と胚芽を取り除くと、私たちがよく食べている胚乳部、つまり精白米となる。胚乳部は、胚乳細胞がたくさんのでん粉粒を抱え込んでおり、さらに胚乳細胞の一番外側には薄い細胞壁がある。一般的に硬くて粘りの少ないごはんでは、胚乳細胞の細胞壁の崩壊が少なく、柔らかくて粘り気が多いものでは、細胞壁の崩壊程度が大きいといわれている。

米粒は粒ごとに噛みごたえが変化する

　新潟魚沼産のコシヒカリなどがブランド米として有名なのは、同じ品種の米で

あっても、産地が異なればその味に違いが出るという背景があるからである。産地によってお米の味に違いがあることを認識している人は多いが、同じ土地で育った同じ稲穂の一粒一粒の成分が、粒ごとにかなり違うことを知っている人は多くはないであろう。

同じ穂から採取した一粒一粒のたんぱく質含量を調べると、穂先ほどたんぱく質含量が高く、根本になるほど低くなり、粒ごとに8〜15%と大きな変動幅があることがわかっている。また、アミロース含量やミネラル成分の分布にも違いがあり、その結果、一粒一粒の粘弾性も違うことが報告されている。つまり、粒ごとに噛みごたえが変わってくるということである。

この粒ごとの成分の変動傾向は、稲穂が開花する順番と対応している。生物が厳しい自然界で生き残るために、早く成熟するものと遅く成熟するものがあえて共存することで、全滅するリスクを分散する戦略をとっていると考えられている。そのため、茶碗の中のごはん粒は、食感にかなり大きなばらつきをもった集団であり、私たちはそれらの平均でおいしさを判断しているといえる。

ごはんは不均一だからこそ飽きない？

もし、そのばらばらな性質のご飯粒を均一な集団に分けることができ、さらにすべて均一に炊くことができたら、それらのごはんをどのように感じるのか。均一化ごはんは、おいしさが増す方向に進むのか、それとも反対に進むのか。食感に違いがなくなることによって洗練され、エッジの効いたごはんになる可能性がある一方、のっぺりとした平坦で面白みのないごはんになるかもしれない。私たちがごはんを毎日食べても飽きないのは、このごはん粒がばらばらの性質をもつモザイク集団であるからかもしれない。

毎日同じようなものを食べれば、必ず飽きがやって来る。そのため、同じ肉や魚の食材であっても、焼いたり、煮たり、蒸したり、さまざまな調理を施し、風味や食感を変えている。アイスクリーム中のナッツやクッキーの存在や、ゼリーやヨーグルトに入れるフルーツの存在は、食べもの全体の中で食感の違いを生み出し、単調な食感が生む飽きを回避させる役割を担っている。

将来、3Dフードプリンターによって、ごはん以上に飽きないテクスチャーの主食を意図的に作ることができるようになるかもしれない。

時 間 に よ っ て 変 形 す る こ と が で き る

〖 ふるえる納豆 〗

食べた日	SEP 4, 2055
食べたもの	ふるえる納豆（振動：強・中・弱セット）
原材料	納豆（丸大豆、納豆菌）、増粘剤、立体造形剤
販売者	こだわりの振動協同組合
製造者	有限会社 ぶるぶる食品製造所
パッケージのコピー	納豆の新革命 味と製法を極めました 美味さにふるえる、唯一無二の食体験
購入・入手場所	オンライン
気づいたこと	○ 一般的な店頭には普及しておらず、 　オンラインで購入する。 ○ 納豆好きにおすすめの納豆らしい。 ○ かき混ぜればかき混ぜるほど震える。 ○ 原材料に「納豆菌」とあるので、 　ちゃんと発酵させて作っているようだ。 ○ 送られてきた納豆の同梱品には、 　商品の広告の他に細かい説明書などが入っており、 　作り手の熱意を感じた。

箸でかき混ぜると、納豆が震える。
口の中で振動する感覚がクセになるらしい。
箸の上でも震えるので、
こぼさないように取るのが難しい。
振動は約30秒間続く。

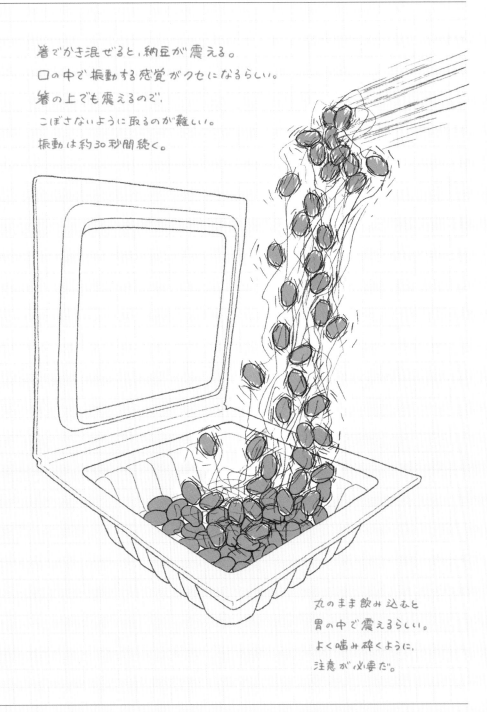

丸のまま飲み込むと
胃の中で震えるらしい。
よく噛み砕くように、
注意が必要だ。

時 間 に よ っ て 変 形 す る こ と が で き る

納豆の　ポテンシャルに　度肝抜く

　納豆が好きで、よく買って食べている。今日はついに、度肝を抜かれるような納豆に出会った。『ふるえる納豆』という商品で、文字通り、納豆が震えるのだという。購入方法はネット通販しかなかったが、好奇心を抑えられず、「振動：強、中、弱セット」を注文した。先ほど、それが届いたところだ。

　箱を開封してみると、ごく普通の白い納豆容器が3個入っていた。その中で「弱」のラベルが貼られているものを、まず開いてみた。容器には見慣れた納豆が詰められており、納豆をじっと見つめていても変わった様子は見られない。静かな開封儀式に拍子抜けし、ネット通販の博打性を恨めしく思ったが、とりあえず食べてみることにした。ふと、付属の説明書に気づき、読むと「納豆をかき混ぜると、振動します。振動は約30秒間続きます。振動中にお召し上がりください。お腹の中での振動を防ぐため、よく噛んでお召し上がりください。」とある。見たことのない内容にどきっとする。

　おそるおそる納豆をかき混ぜてみた。納豆を混ぜ続けていると、箸先から微妙な振動が伝わってくるのがわかった。数粒を箸の上に乗せようとするが、ぬるぬるぶるぶるとして、うまくいかない。やっとのことで口の中に入れてみると、確かに震えている。舌の上で、勝手に納豆が動いていた。魚介類の踊り食いをしたことはないが、同じような感じなのだろ

うか。そのまま呆然としていると、納豆は動きを止めた。味や大豆の硬さなどは普通の納豆と特に変わらなかった。

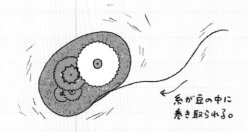

糸が豆の中に巻き取られる。

豆の中は、ゼンマイ式の仕掛けになっているらしい。

説明書には、納豆が振動する仕組みも図解されていた。納豆をかき混ぜると「納豆の糸」が豆から出て、その糸が豆の中に巻き取られることで震えるのだという。ひもを引っ張ると震えるおもちゃと原理的には同じだそうだ。大豆は３Dフードプリンターで印刷されており、複雑な内部構造で、可食できる特殊な繊維を出し入れするようになっているらしい。

「中」の納豆も開けて、勢いよく混ぜた。明らかに容器全体が振動していた。口に入れると、歯からも振動が伝わってきた。最後の「強」は、狂った納豆だった。箸が震えて取ることができず、容器に直接、口をつけて掻き込むと、うまく口を閉じられないほどの振動がきた。慌てて必死に噛み砕き、しつこいほど咀嚼して、正体が無くなったのを確認してから飲み込んだ。口の中で、制御できない生きものが動いているようだった。納豆が少し苦手になったかもしれない。

振動の強さは3種類。ごはんの上でも震える。

時間によって変形することができる

動くロボットを食べるということ

動く可食ロボット、飛ぶ可食ドローン

　ロボットというと硬くて強いイメージがある。一方、柔らかいゲルや高分子の「ソフトマター」の素材を用いたロボットもデザインされている。その変わった応用の一つとして考えられているのが、食べられるロボット「可食ロボット」である。

　可食ロボットは、文字通り人が食べて消化できるロボットで、消化可能な食材のみで構築されている。可食ロボットの素材として、人間が食べることが可能な硬さで、ロボットの機械特性と同程度の弾性率を持つゼラチンが注目されている。ゼラチンは、動物の皮膚や骨、腱などの結合組織の主成分であるコラーゲンに熱を加えて分解したもので、食品分野では古くから製菓材料やゲル化剤、増粘剤、安定剤などとして、幅広く利用されている。

　可食ロボットは、現段階で二つの応用が考えられている。一つは、食品製造工場などで使われるロボットの一部を可食材料で作ることである。食品製造の工程で食品をハンドリングするグリップ部分などは、取れると"異物混入"となってしまう。しかし、それらを食べられるゼラチンなどの素材で作ることで、食品に混入することがあっても食べる側のリスクを減らすことができる。

　もう一つの可食ロボットの応用として考えられているのが、食べられた後、体内で自ら動くことである。この「動く可食ロボット」の有用な活用法として考えられているのが、災害時にロボットを栄養源にすることである。

　災害直後にがれきの隙間などで生存する被災者が見つかった場合、救助隊員が被災者を助け出すまでの間、栄養を与えて生きながらえさせる必要がある。その際、栄養注射で被災者にエネルギーを与えようとしても、粉塵やがれきなどの汚れから血管の位置が分かりにくい。また、被災者に直接食べものを与えようとしても、被災の状況によっては咀嚼が困難な場合もある。このようなケースを想定し、被災者の口から入った可食ロボットが、自ら体内を移動し、最後に消化されれば栄養補給が可能になるということが考えられている。

　この動く可食ロボットの研究の延長線

上として、「食べられるドローン」が考えられている。たとえば、災害発生時にドローンに食料を運ばせるのではなく、ドローンそのものを食べられるようにするというものである。

動くカプセルを飲むと、胃が振動し"満腹感"が得られる

2023年に、この動く可食ロボットの新しい可能性を示す論文が発表された。米国マサチューセッツ工科大学（MIT）やハーバード大学の研究者らが発表した「振動する摂取可能な生体電子刺激装置が、胃ストレッチ受容体を調節して、錯覚的な満腹感をもたらす」というタイトルの論文である。胃の中で振動し、脳に満腹感を錯覚させ、食欲を抑制する電子カプセルを提案するという内容である。

このカプセルは「振動摂取型生体電子刺激装置」と呼ばれ、大きなビタミン錠程度のサイズで、振動を起こす小さなモーターを内蔵している。胃に到達したカプセルは、酸性の胃液によって、覆われたゼラチン質の膜が溶け、電気回路を完成させるバネつきのピンが解放される。このピンがバッテリー駆動のモーターを活性化させ、約30分間の振動を発生させる。この振動が、胃の伸縮受容器を刺激し、満腹感の錯覚を引き起こすというものである。この報告では、豚を実験対象として研究が行われたが、人間での臨床試験の計画があり、この動く錠剤が、肥満治療の現在の方法に代わる可能性があるという。

もし、このような肥満対策のために、食べられる動くロボットを作るのであれば、可食ロボットの部品はかなり精密になると予想されるため、3Dフードプリンターなどによる緻密な造形が必要になるであろう。また、型での作製が難しい空洞がある中空構造なども、将来的に3Dフードプリンターで造形可能になると考えられる。

ロボットに対する人間の要求は、とどまるところを知らない。ロボットが未来で果たす役割は、工場でものを製造することに加え、介護、医療、警備、教育、接客などといった幅広い分野で利用が期待されている。さらに、人間のために食べられるロボット、しかも動くものを食べるという「ロボットの踊り食い」は、ロボットの究極の人への奉仕のようにも感じられる。

CHAPTER **3**

食品ロスを
削減することが
できる

〖 ほ た て 殻 バ ー ガ ー 〗

未 利 用 資 源 の ほ た て の 貝 殻 が 使 わ れ て い る

本物のほたて貝のように見えるが、実はすべて食べることが可能なバーガーである。食べるときは両手でバーガーをつかみ、貝殻を閉じた状態でかぶりつく。ほたて貝の漁協組合が考案した、見た目にも味にもこだわりが隠されているメニュー。

貝殻に似せたバンズの材
料には、廃棄されたほたて
貝の貝殻が有効利用され
ている。中に挟まれた具材
にも、おからなどの未利用
食材を使用している。

大きな貝柱のようなパティの中には、と
ろけるチーズが入っている。貝ひもを模
したトマト味のソースは、プルプルした
スライムのような食感だ。クリスピーな
バンズや、もちもちしたパティなど、さ
まざまな食感が楽しい食品である。

食 品 ロ ス を 削 減 す る こ と が で き る

生産・加工・流通をスキップし、いきなり消費へ

　「食」の課題として真っ先に思い浮かぶのが、「食品ロス」であろう。日々の生活の中で食べ残しなどを目にする機会が多いため、私たちが自ずと感じやすい問題である。しかし、食品ロスの解決策は言うは易く行うは難しである。たとえば、食べられる分だけ購入することが大事だとわかっていても、生鮮食品にロスはつきものであり、また、食べずに賞味期限が切れてしまったりすることも少なくない。そこで、3Dフードプリンターが食品ロスを抜本的に解決するかもしれない未来について考える。

　食品ロスを「フードロス」ということがあるが、食品ロスとフードロスは意味合いが若干異なる。国連食糧農業機関(FAO)は次のように定義している。食材が栽培・収穫、製造・加工、流通、小売を経て消費者までたどりつく過程を「フードサプライチェーン」と呼ぶが、小売の前までの"川の上流"部分で出るロスを「フードロス(Food Loss)」、その先の小売や食品サービス事業者(外食など)、消費者の家庭で発生するものを「フードウェイスト(Food Waste)」としている。

　日本では、「まだ食べられるにもかかわらず、なんらかの理由で廃棄される食品」のことを指して「食品ロス」とよんでいる。農林水産省の説明では、事業系と家庭系に大きく分けており、単純にいうなら「食品ロス」＝「フードロス(事業系食品ロス)」＋「フードウェイスト(家庭系食品ロス)」と表現することができる。

　本来食べられるのに捨てられる食品ロスの量は、日本人全員が一人あたり毎日茶碗一杯分のごはんを捨てている量に相当する。事業系食品ロスと家庭系食品ロスの量は約半々となっており、想像以上に日々の家庭から発

生する食品ロスは多いといえる。

　フードサプライチェーンという大きな川の"本流"において、本流からもれ出ていく水を食品ロスと捉えると、生産・加工・小売・消費の各段階でその"水漏れ"を削減することが重要である。個人が食品ロスを減らすには、家で食品ロスが出ないようにするだけでなく、食べものを買う店、食べる店でも食品ロスを減らすことを意識することが大切であり、多くの人のちょっとした行動の積み重ねが有効である。

　フードサプライチェーンの中で、事業系食品ロスにしろ、家庭系食品ロスにしろ、規格外品、返品、売れ残り、食べ残しなど、食べられるのに捨てられているものを完全になくすことは極めて難しいであろう。しかし、3Dフードプリンターは、このフードサプライチェーンを抜本的に変える可能性がある。すなわち、3Dフードプリンター一台で、食の生産から製造・加工、包装や流通をスキップし、消費に一気にたどり着くことができる。そのため、3Dフードプリンター用の「食品カートリッジ」を作り、その食品衛生を長期的に保つことができれば、プリンター・インクを使い切って補充するように、食品ロスは原理的にほぼ出ないことになる。食品ロスの抜本的な解決策は、フードサプライチェーンを俯瞰し、今当たり前の常識を疑ってみることにあるかもしれない。

KEYWORDS: 食品ロス　未利用資源　加工食品　もったいない　微生物　発酵

〖 ほたて殻バーガー 〗

食べた日	NOV 20, 2055
食べたもの	ほたて殻バーガー（チーズ入り・トマトソース）
原材料	小麦粉、大豆、チーズ、トマトケチャップ、 ほたて貝殻パウダー、立体造形剤

栄養成分表示
（1食当たり）

エネルギー	416 kcal
たんぱく質	26.5 g
脂質	8.8 g
炭水化物	60.0 g
食塩相当量	2.5 g
カルシウム	340 mg

店名	ほたて殻バーガーショップ「Hot Ate」
販売者	株式会社Hot Ate
製造者	北漁業協同組合

気づいたこと

○ パティの中に入る具材や
ソースの種類と数は選べる。

○ 中の具材は他に、「卵、ツナ、ポテトサラダ、
梅干し、白米、エビチリ」など30種類ほどある。

○ ソースは他に、「テリヤキソース、
デミグラスソース、ポン酢ジュレ、醤油バター、
塩風味」など50種類ほどある。

（縦書き左）〖 ほたて殻バーガー 〗

（縦書き左）AD 2055

廃棄されるほたての貝殻などを有効利用するために
開発されたバーガー。
一見すると、ほたての貝そのものに見えるが、
すべて印刷されてできている。

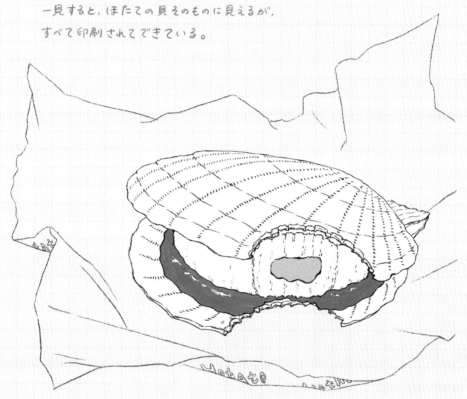

大きな貝柱を模したパティの周りを、
貝ひもに相当するジュレ状のソースが囲む。
バーガーを両手でつかむと貝殻のバンズは閉じる。
貝殻は軽い歯触りの食感がある。
貝柱の中にはチーズが入っていて、
食べ進めるととろけ出てくる。

食品ロスを削減することができる

SAT,
11/20
2055

ほたて貝　まるごとかじる　こだわりの味

　北に出かけ、「ほたて殻バーガー」と書かれた店を見つけた。そこは漁協組合が立ち上げたアンテナショップだった。一番人気と書かれた『ほたて殻バーガー（中身：チーズ）』を注文した。商品を表示するディスプレイ上には、殻つきほたて貝がただ映っているように見えたが、目の前に出てきたのも立派なほたて貝そのものだった。よく観察しようと顔を近づけると、ほたての殻から香ばしいにおいがする。殻の隙間からは、巨大な貝柱のようなものが覗いていた。

　商品の説明によれば、貝殻状の見た目のものはバンズで、廃棄されるほたての貝殻を有効利用したものらしく、原料表示にも貝殻の記載がある。普段の食生活で摂取不足になりがちなカルシウムを摂るのに良さそうだ。一方、貝柱状のものはパティで、大豆製品の加工で大量に出るおからを使って作られている。パティの味はほたて味、牛肉味、鶏肉味などから選べるようになっている。

【ほたて殻バーガー】

AD 2055

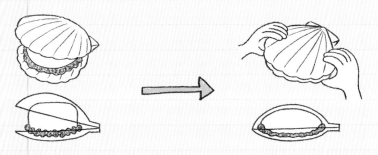

置いた状態のバーガーは自然に開いている。手でつかむと、バンズがピッタリ閉じてかぶりつきやすくなる。

やや戸惑いながら手に取ると、温かくずっしりとした感触でさらに当惑する。ハンバーガーを持つように両手でつかむと、2枚の殻がピタッと閉じた。再び手を緩めると、貝柱の弾力でバンズも自然に開く。何回か繰り返して楽しんでから、貝殻を閉じてかぶりついた。バンズは、パリパリ、サクサクした歯ごたえながら、硬く乾燥しているわけではなく、ほのかにしっとりした食感がある。薄いピザやもなかのようでもある。かじってもバラバラに割れたり、粉々に砕けたりしないため手で持って食べやすい。貝柱のようなパティも初めての食感で、もちもち、ふわふわしていながら、独特のジューシーさと歯切れの良さをもあった。もし、低反発のまくらやスクイーズボールが食べられたなら、このような感じかもしれない。

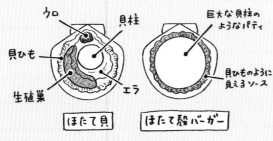

ほたて殻バーガーは、どの方向からかぶりついてもパティとソースに届く。

貝ひもに相当する部分はトマトケチャップのソースで、ぷるぷるとしたゼリーのようだ。口の中で柔らかく溶けて、バンズやパティとよく絡み合う。食べ進めると、貝柱の中からチーズがとろけ出てきた。最終的に驚かされたのは、その変わった見た目以上に、一つのバーガーでかつてないほどさまざまな食感や味が楽しめることだった。

「縄文時代のように、貝塚は作らない」が、この店のキャッチフレーズだった。姉妹店には「かき殻ホットドックスタンド」もあるようだ。

食べられない部分を
食べられるようにするテクノロジー

加工食品の誕生と、その光と影

かつての食べものは、工業製品と違い、自然の条件に大きく左右されたり、穀物や家畜を育てるのに長い時間が必要であったりと、市場メカニズムに容易に順応しがたい点があった。しかし、18世紀後半にイギリスで起こった産業革命をきっかけに、機械を使った生産方法などが確立し、工場で食品を大量生産できるようになった。たとえば、ローラー式の製粉機が開発され、小麦粒から小麦粉を大量に作れるようになった。すなわち、食の工業化が起こり、「食品工業」という分野が生まれた。その結果、食品の生産量は飛躍的に増加し、豊かな食生活が実現しただけでなく、人口の増加や社会集団の拡大にも影響を与えた。

私たちが毎日の食事で摂取している食品には、自然から得た状態の動植物のみならず、これらに処理を施した「加工食品」が数多くある。食品を加工することで、保存性、安全性、栄養性、嗜好性、利便性などが向上した付加価値の高い食品を食べることができるようになった。一方で、高度に加工した「超加工食品」の食べ過ぎによる健康上のリスクが懸念されている。米国糖尿病学会（ADA）によると、超加工食品とは「糖分や塩分、脂肪を多く含む、加工済みの食品」とされている。単純にいうなら、加工の段階で、食材のまずい成分を捨て、おいしい成分を過剰に精製した食品である。

食品廃棄物が廃棄されるわけ、
未利用資源が未利用であるわけ

小麦粉の製造段階で出るふすまや、米を精米するときに出るぬか、豆腐を作る過程で出るおからなどは、食物繊維や各種ビタミン・ミネラル成分、健康機能成分などが多く含まれ、栄養価的には優れている。しかし、多くの人がおいしいと感じるものではない。

たとえば、乾燥大豆1kgから約4kgの豆腐が作られ、同時に副産物として約1.3kgのおからが生じる。おからは卯の花といった炒り煮の料理などに調理されるが、人の食用となるのはごく一部である。家畜の飼料などにも利用されるものの、日

本では年間数万トンが棄てられている。

　現在、おからを使ったパンやお菓子なども数多く開発されているが、その利用拡大の最大の鍵はやはり「おいしさ」であろう。食品製造や加工の過程で、食品としての需要が少ない部分、すなわち、おいしくない部分が食品廃棄物となっている。

　おからなどの未利用資源をおいしい食品にするには、これまでの加工や調理技術では限界があるかもしれない。３Dフードプリンターといった新しい食品加工は、その課題を解決する可能性を秘めている。

姿が変わり、価値が変わる

　食品の加工段階で出る食品廃棄物は、必ずしも食品にする必要はなく、肥料などにも有効活用できる。実際、食品廃棄物の産出量を抑制し、減量化を図るために、2001年に食品リサイクル法が施行されたが、この法律の特徴は、単に食品廃棄物の生成や処分量を減らすだけでなく、資源として肥料や飼料に再利用するなど、リサイクルの推進を目的としているところにある。すなわち、食品廃棄物を再び生態系に戻すという考え方である。

　世界で一番生産されている農作物は、米でも小麦でもなくとうもろこしであるが、人の食用として生産されるとうもろこしの量は多くはない。とうもろこしは主に家畜の飼料にされているが、とうもろこしの利用価値の高さはその豊富な用途、利用性の高さにある。

　とうもろこしは、でん粉、甘味料、コーン油などの多くの食品のほか、バイオエタノール、生分解性プラスチック、各種工業製品などにも加工される。とうもろこしに全く関係のなさそうな歯磨き粉、化粧品から接着剤まで、驚くほどの数の日用品の製造にとうもろこしが使われている。

　食品製造・加工のプロセスで廃棄されるものが、宝になるのかゴミになるのかは、そこに人が価値を感じるかどうかである。つまり、廃棄物として見なすという世間の総意のようなものが関係しているといえる。特に、食材の未利用資源を別の食べものに変換し、人がそれを食べるようになるには、栄養がある、おいしい、健康になるなど、食べる人に寄り添った食品の機能が必要になるだろう。食の価値変換を起こすには、３Dフードプリンターといったテクノロジーの助けが必要かもしれない。

〚 1,000種の野菜サラダ 〛

食べた日	JUN 27, 2055
食べたもの	1,000種のグリーンサラダ
原材料	アスパラガス、ブロッコリー、カリフラワー、スプラウト、パセリ、サラダホウレン草、クレソン、ルッコラ、サラダ菜、セロリ、レタス、エンダイブ、トレビス、リーフレタス、ケール、グリーンリーフ、サニーレタス、チコリ、ラディッシュなど
店名	カジュアルレストラン「ウィズ・ザ・ベジー」
営業時間	10:00〜23:00
席数	76席
その他のメニュー	プラントベースミートのガーデングリル 〜レインボーピクルスを添えて〜 野菜スープでつくったベイクドポテト フルーツバスケットをひとくちに 〜初夏のプチケーキ〜
気づいたこと	○ サラダに印刷する葉の種類や数は選べる(価格は変わる)。 ○ アスパラガスなどは加熱された状態のものが印刷される。 ○ ドレッシングは数十種類から選べ、封入する量も選択できる。 ○ テイクアウトを頼むと、サラダを花束のように包んでくれる。

注文時に, 好みの
ドレッシングを選び,
葉脈に封入して
印刷してもらう。

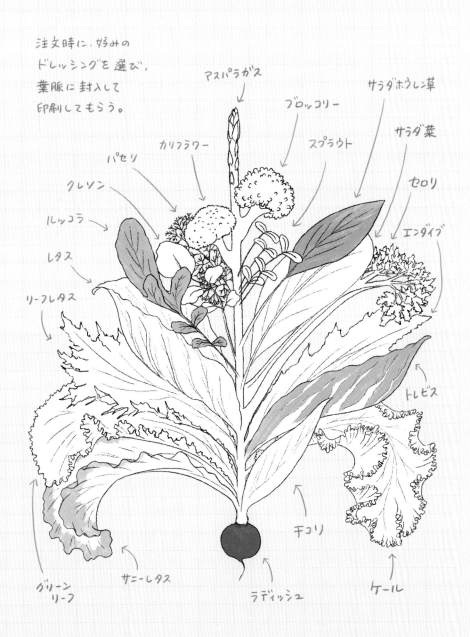

アスパラガス

ブロッコリー

サラダホウレン草

カリフラワー

スプラウト

サラダ菜

パセリ

セロリ

クレソン

エンダイブ

ルッコラ

レタス

リーフレタス

トレビス

チコリ

グリーン
リーフ

サニーレタス

ラディッシュ

ケール

食 品 ロ ス を 削 減 す る こ と が で き る

SUN,
6/27
2055

あらためて　多彩な野菜に　気づくメニュー

　サラダが食べたくて、とあるレストランに行った。農産物を生産している団体が経営している『ウィズ・ザ・ベジー』という店だ。今日の目当ては、その店のシグネチャーメニューになっている『1,000種のグリーンサラダ』だ。メニューには、「１本の茎から伸びるバラエティー豊かな野菜を楽しもう」というキャッチコピーが書いてある。1,000種のサラダの正体は、形が悪くて廃棄の対象になってしまったいろいろな野菜を粉末化し、それぞれの野菜を３Dフードプリンターで復元しつつ合体させながら印刷し、一つの"ハイブリッド野菜"にしたものである。

　そのサラダの枝からは、レタス、サラダ菜、グリーンリーフなど、たくさんの葉が伸びている。枝の上部にはブロッコリーやアスパラガス、下部にはラディッシュまである。これを手で豪快にちぎりながら食べるのが、この店が推奨している食べ方らしい。指を洗うフィンガーボウルもサラダと一緒に提供されるからだ。店内を見渡しても、多くの客がこの食べ方を楽しんでいるように見える。普段、手で野菜を食べることがない

下が平らなので
皿に置きやすい。

指を洗える
フィンガーボウル
つき

サラダを横から見たところ。下が平端な形になっている。

ので、このサラダを食べ始めるときはいつも少し躊躇するが、ちぎって食べるとよりおいしい気がしてくる。手に持つと野菜をよく観察しながら食べられるのも魅力的だ。

葉の葉脈や茎に相当する部分には、ドレッシングが封入されており、ドレッシングで手を汚さずに食べることができる。ドレッシングは、注文時に種類を選んで好みのものを入れて印刷してもらう。今回は、シーザー、ごま、青じそをそれぞれ3分の1ずつ注入してもらった。野菜の味や食感の違いを比べるのが面白く、次々に葉をちぎっていたら、あっという間に食べ終わってしまった。

葉脈にはドレッシングが封入されている。

この店では、サラダだけでなく、メインディッシュやデザートにもすべて廃棄野菜を有効利用しており、食品ロス削減という社会的に大きな問題に正面から取り組んでいる。しかし、店内から感じるのは、バラエティ豊かな野菜を目や口や手など、体を使って自由に楽しもう、という明るい雰囲気だ。そんなサラダのように爽やかな空気感を味わいに、時々、この店を訪れている。

捨てられる野菜に感じる
感情の行き先

「もったいない」精神と日本人

　野菜や果物などには、出荷できる形や
サイズなどの規格が定まっている。その
ため、食べられるのにもかかわらず、形
や色が悪い、大き過ぎや小さ過ぎ、キズ
がついているなどの理由で棄てられてし
まう「規格外野菜」は、スーパーマーケッ
トなどに出回ることは少なく、その多く
はそのまま廃棄されている。そんな"も
ったいない"野菜は、カット野菜や加工
品にされることがあるが、規格外野菜と
して廃棄される量は、生産された野菜量
の約30〜40%にものぼるとされている。

　一定の年齢以上の人は、「もったいない
お化け」という公共広告機構（現：ACジ
ャパン）による『まんが日本昔ばなし』風
のCMを覚えている人もいるだろう。子
どもたちが嫌いな食べものを次々に捨て
た夜に、夢の中でもったいないお化けが
「もったいねぇ〜」と恐ろしい声で怖がら
せるというものである。私たちが食品ロ
スを考える背景には、この「もったいな
い」という感情が大きな基盤となってい
ると思われる。

　もったいないという言葉は、古くから
使われてきた言葉であり、語源は諸説あ
るとされている。「勿体（もったい）」と
「無い」からなる和製仏教用語だという説
や、仏教が日本に伝来する以前のアニミ
ズムと農耕文化に由来している説などが
ある。もとは倫理感から生まれた言葉で、
後に宗教的な含みが入り、さらに経済的
な意味合いも兼ね備えるようになったと
いう指摘もある。

　生活習慣上の思想を取り入れたと指摘
されていることを踏まえると、国や文化
によって「もったいない」の認識が異なる
こともうなづける。韓国人や中国人の留
学生を対象に、もったいないに相当する
母国語やその言葉の用途について調査し
た研究では、日本のもったいないに含ま
れる一部の意味はあるものの、完全には
一致しておらず、限定的な用途であるこ
とが報告されている。

　また、環境問題に取り組んだことでノ
ーベル平和賞を受賞したワンガリ・マ
ータイは来日した際に、「もったいない
（Mottainai）」に感動し、世界に広めよう
とした。このことからも、もったいない

は、かなり日本的な感情であるといえる。

野菜が工業製品として認識されるとき

現実的にみれば、規格外野菜が市場に積極的に出回らない理由の一つとして、それを安価で売りさばいてしまうと、正規品の野菜の価格にも悪影響が出る可能性がある。規格外野菜は安ければ売り先があるかもしれないが、それで満たされた分、正規品の野菜の需要は減り、規格外が正規品の必要量を奪うおそれもある。

一方で、規格外野菜を畑にすき込んで土に還すことも行われている。一見食べられそうな野菜を畑に捨てて、トラクターで潰してしまうのはもったいないように見えるが、野菜を土作りに貢献させる有効手段である。

そもそも野菜に規格を設ける主な理由は、取引と流通を効率化するためだ。トラックで野菜を運搬する際、ダンボールに詰められた野菜が、形がバラバラでは、より多く、かつ効率よく詰めることができなくなるためである。

さらに、形の良い「綺麗な野菜」を買いたいという日本の消費者意識も深く関係している。すなわち、規格外野菜は、野菜に効率性や見た目の良さを求める感情と、捨てるのがもったいないという感情の間にある"やっかいな存在"であるといえる。

野菜といった農産物は、人が生産を完全に制御できる工業製品と違い、自然環境に左右され、生ものであるため長期保存ができず、市場の需要に即座にかつ正確に応えることは難しかった。そのため、ある程度過剰に作り、廃棄野菜が出ることがいわば前提の生産であったといえる。しかし、過剰生産となった野菜や規格外野菜を3Dフードプリンターの食材カートリッジにすることなどで、食の生産を人工的かつ高度にコントロールすることができれば、農作物と工業製品との生産の間に大きな違いはなくなると予想される。

食べものはこれまで、自然の恵み、天からの贈りものという意識があり、それが日本人のもったいない精神にも影響を与えてきたのであろう。野菜が効率的に生産・消費されていく未来では、余剰野菜が姿を消し、もったいないという感覚自体も過去の産物になっているのかもしれない。

3 - 3 DIARY

〚 コンポストから完全食 〛

食べた日	JUL 23, 2055
食べたもの	コンポストから作った完全食
製品名	The Compost Got You（ザ・コンポスト・ガチャ）
製造者	Compost Complete Capsules Corp.

取り扱いガイド
（使い方）

コンポスト・コンプリート・カプセル（CCC）の作り方
1．電源を入れる。
2．フタを開ける。
3．野菜の皮や食べ残しなどを入れる。（カップ1杯程度）
4．フタを閉め、ロックをかける。
5．スタートボタンを押し、調理をスタートする
　　（発酵・3Dフードプリンタードームが点灯する）。
6．印刷されたCCCが貯蔵庫の中に貯まり、
　　ドームは消灯する（調理時間の目安は
　　コンポストの中身や量によって異なる）。
7．ハンドルをひねり、取り出し口からCCCを取り出す。
8．CCCを割り、中の栄養食を食べる。

気づいたこと

○ 割った後の殻は、コンポストと共に
　機器に投入できる。
○ CCCに入っている食品の形は
　ランダム（ガチャ）で決まるようだ。

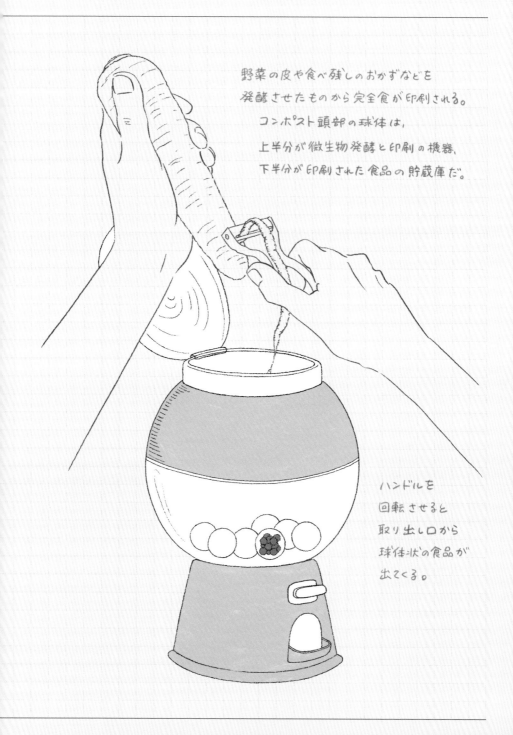

野菜の皮や食べ残しのおかずなどを
発酵させたものから完全食が印刷される。
コンポスト頭部の球体は、
上半分が微生物発酵と印刷の機器、
下半分が印刷された食品の貯蔵庫だ。

ハンドルを
回転させると
取り出し口から
球体状の食品が
出てくる。

食品ロスを削減することができる

ごちそうを　微生物にあげ　微生物にもらう

FRI,
7/23
2055

　家で出る生ゴミを減らしたくて、コンポストを買った。そもそもコンポストは「堆肥」の意味の通り、生ゴミなどを微生物のはたらきで分解させて堆肥を作るものだ。しかし、私が選んだのは、微生物が分解した生ゴミを3Dフードプリンターで再び食品にするという、珍しい製品だった。さらに、その食品は必要な栄養素が含まれた完全食として再生される。ゴミ削減も私の大事な課題だが、その変わった食品を食べてみたくて、即決でそのコンポストにした。

　その商品は『The Compost Got You（ザ・コンポスト・ガチャ）』というものだ。大きさは卓上サイズで、見た目は回転ハンドルをガチャガチャ回して丸いガムを取り出すガムボールマシンに似ている。機械の頭部は下半分が透明の球体で、丸いフタが頭頂部についている。球体を支える土台には、回転ハンドルと、食品が出てくる取り出し口がある。取扱説明書には、球体の上部は分解処理と印刷を行う機器で、下部は印刷された食品の貯蔵庫と書いてあった。

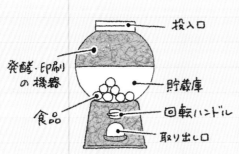

発酵・印刷の機器／食品／投入口／貯蔵庫／回転ハンドル／取り出し口

3Dフードプリンター付きコンポストの構造

　早速、何か分解したくなり、上部のフタを開け、にんじんの皮を一片入れてみた。投入口には浅い受け皿が設置されていて、球体の

内部は見えない。入れる容量はご飯茶碗1杯分くらいが適量だ。フタを閉めてロックをかけると、球体の上部が柔らかく光り、機械が動き出したのがわかった。分解処理にある程度の時間がかかるので、食品はすぐには出てこない。前日の食べ残しのおかずを少し足し入れて、コンポストを置いたまま一日を過ごした。

　夜、ちょうど食品が生み出される瞬間に立ち会えた。貯蔵庫にビー玉のようなものが、ポトンと落ちた。海亀の産卵のようだと思った。回転ハンドルを回すと、2cmくらいの球がコロッと出てきた。カプセルになっていて、卵の殻のように割れた。入っていたのは、たくさんの球体が集合したようなもので、化学で習った金属結晶の模型のようだった。口の中に入れると、和三盆のように舌の上でじんわり溶けて無くなった。

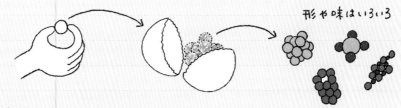

形や味はいろいろ

完全食は小さな球体の殻の中に入っている。

　自分が廃棄したものが微生物の栄養になり、そこから合成されたものを直接自分が食べるという、順送りのようなイメージが頭に浮かぶ。小さな生態系の中に、自分が入り込んだように感じた。

食品ロスを削減することができる

微生物の発酵する
チカラへのあこがれ

生態系における分解者の存在

　コンポストは、生ゴミや落ち葉、枯れ草などの有機物を微生物などの代謝作用によって堆肥化するための道具のことである。コンポストの主役は、主に土壌に生育する「分解者」である。分解者には、ミミズや昆虫などの肉眼で確認できる大きさの生物の他に、目に見えない菌類や細菌類などの微生物が含まれる。自然界で植物や動物が死んだ場合、それらの遺骸は分解者によって処理され、最終的には土に還る。具体的には、死んだ生物の遺骸は、それを摂取した分解者の構成成分や二酸化炭素、水、土壌中の物質となる。

　微生物は、動物や植物よりも遥かに分解できる物質の種類が多いのが特徴である。たとえば、ヒトの持つ消化酵素などではとても分解できないような物質があったとしても、その物質を簡単に分解できる微生物が存在したりする。それは、地球上には多種多様な微生物が存在しており、それぞれがさまざまな物質を分解する能力を有していることや、微生物は他の生物に比べ、新たな化学反応経路の獲

得が得意であることなどが理由に挙げられる。

　40億年前に生命が誕生してからさまざまな生物が生まれてきたが、この分解者が存在していなければ、生物の遺骸や排泄物で覆い尽くされて、地球は死に絶えていたであろう。地球がいつまでも"きれいに"存在するのは、微生物による「分解力」のおかげである。

ナウシカの世界における腐海の正体

　分解者は、人の目には見えない微生物が主体であり、積み重なった落ち葉がふかふかの絨毯のようになった山道を歩いても、分解者の存在を特段意識することはない。菌類であるきのこは"見える分解者"であるが、生態系における分解者の存在を感じるには、人間側に何か"センサー"が必要である。

　宮崎駿は『風の谷のナウシカ』の中で、猛毒の瘴気を撒き散らす「腐海」に覆われた世界を描いた。そこには凶暴な植物と菌類が繁茂し、巨大な蟲たちが棲みつき、人は侵食する毒に怯えながら暮らしてい

る。主人公のナウシカは秘密の地下室で毒を出さない腐海の植物を育てる実験をすることで、かつて人類が起こした戦争によって汚染された大地を菌類が浄化するために腐海が生まれたことを悟る。つまり、観察眼の鋭いナウシカでさえ「分解者の役割」に気がつくのは容易ではなかったということである。

「発酵」という意味の拡張

微生物の主な作用のうち、人間生活に有用な場合を「発酵」、有害な場合を「腐敗」と呼ぶ。発酵と腐敗の区分は、人間の価値観に基づくものであり、微生物の代謝などの中身では判断されてはいない。人類は長い歴史の中で、この発酵と腐敗を上手にコントロールすることに明け暮れてきたといえる。前者の例が、パン、酒、調味料などの発酵食品を創り出し、食卓を風味豊かにしてきたことで、後者は食中毒を起こす有害微生物を食べものから極力排除してきたことである。

日本の食の特徴は、この発酵の恵みである日本酒、味噌、醤油、漬物など多くの発酵食品がごく身近にあることである。近年、世界的にも発酵が注目され、そのブームが日本に再上陸している。その中で、発酵が別のコンテクストでも語られるようになってきた。

発酵食文化に関する書籍を多数出しているサンダー・エリックス・キャッツは、新型コロナウイルス感染症（COVID-19）のパンデミックの最中に『Fermentation As Metaphor』という書籍を出版した（日本語版『メタファーとしての発酵』は2021年に出版）。微生物の変成作用である発酵をメタファーとして、人間の心と社会が変容、再生している姿を考えさせる内容である。本の中で、発酵を意味する英単語の「fermentation」は、微生物の細胞内代謝現象を指すだけではなく、揺らぎ、興奮、泡立ちといった状態を暗示する、はるかに広い意味であることが示されている。発酵が、炎といった強い変成作用ではなく、穏やかに変化させるという点で、時代の求める雰囲気がうまく表現されていた。

発酵が脚光を浴びた背景には、分解者である微生物の「浄化するチカラ」への密かな憧憬があるかもしれない。日々の生活のなかで感じる「いやなもの」を、分解者のように見えずに分解し、そしていつの間にか別の心沸き立つものに変容させてほしい、そんな空気感がパンデミック下の社会の中には存在していたのではないだろうか。

4

新奇食材の利用を促進することができる

新 奇 食 材 の 利 用 を 促 進 す る こ と が で き る

上から「麻の葉」の肉（赤身：脂身＝9：1）、「唐草」の肉（赤身：
脂身＝8：2）、「青海波」の肉（赤身：脂身＝7：3）、「七宝」の
肉（赤身：脂身＝6：4）、「矢絣」の肉（赤身：脂身＝5：5）。

祝いの席に最適な縁起
の良い見た目だけでな
く、紋様ごとに違う肉の
味を比較して楽しめる
一品である。基本の6種
類の他にも、さまざまな
紋様の肉がある。

〖江戸文様の培養肉〗

従来の肉を超えていく

培養肉で作った江戸紋様のしゃぶしゃぶをいただく。肉は湯にくぐらせると、畜肉と同じように肉の色が変化する。畜肉や植物性の肉に対し、培養肉は精巧に柄を表現できるのが特徴の一つである。紋様の赤身と脂身の割合により、食感などの肉の味わいは変わる。「市松」の紋様の肉は、赤身と脂身の割合が5:5で作られている。

CHAPTER 4 : INTRODUCTION

食文化の連続性を維持して 新奇性を受け入れる

　人口増加などに伴うたんぱく質の需要増加を満たすために、培養肉や植物性代替肉などの研究開発が進んでいる。こうした新奇食品（novel food、ノベルフード）などを作る技術は「フードテック」と呼ばれ、さまざまなテクノロジーが食の分野全体にイノベーションを引き起こしている。これらのフードテックによる馴染みのない食が普及するには、技術的な課題だけでなく、消費者が受け入れるかどうかという社会受容の問題もある。３Dフードプリンターがこの課題を解決する可能性について考える。

　人口増加や中流層の拡大にともなって食料需要が増すと、なかでも問題となるのがたんぱく質不足である。これはプロテインクライシス（たんぱく質危機）と呼ばれている。最大のたんぱく質供給源である畜産は、環境にとって持続可能な生産が難しく、しかも拡大すれば温室効果ガスの排出を増やす可能性がある。また、もう一つの大きなたんぱく質供給源である水産物については、多くの魚種で資源の枯渇が懸念されている。こうした状況のなかでも、食料生産の持続可能性を実現し、世界の人々の需要は満たしていかなければならない。その解決策として期待されているのが、フードテックによる培養肉や植物性代替肉（プラントベースフード）といった新奇食品である。

　培養肉は、家畜や魚介類の細胞を採取して人工的に培養し、増やして作るものである。それに対し、植物性代替肉は、豆類などに含まれているたんぱく質を加工し、ハンバーグなどのように成形利用するものである。他にも昆虫食、クロレラやユーグレナなどの微細藻類、麹菌といった微生物などを使った食品の開発が盛んに行われている。

　これらの新しい食品の技術的な課題はいろいろあるが、培養肉の場合、大量生産できるかや、立体的な形にできるか、といったハードルがある。特に立体化については、基本的に培養細胞は平面方向へ広がって増殖するが、私たちが食する肉は"塊"であるため、培養した細胞を立体化する工程が必須という課題がある。現在、この培養肉の立体化に３Ｄフードプリンターを利用する研究開発も行われている。

　フードテックが社会実装されるにあたり、その技術の発展は前提にあるが、食べ慣れていない新奇食品が、消費者に受け入れられるのかという受容性の課題が大きく立ちはだかっている。車や携帯電話など他分野のテクノロジーは、新しいものが比較的受け入れられやすい傾向にあるが、食のテクノロジーの受容は、食べる人の心理、思想、文化、価値観などの影響がかなり大きい。

　歴史的な視点から、日本人が新奇食材に遭遇した例を挙げるとしたら、明治期の文明開化の際に牛肉を使った「牛鍋」が大流行したときである。牛鍋は、従来あった牡丹鍋などの調理法にそれまでなかった食材である牛肉を取り入れることで、食の保守性、すなわち食文化という連続性は維持したことが普及した理由の一つとされる。フードテックによる新しい食も、牛鍋と同じように既存の料理との融合などが重要であろう。これまでの食文化の流れにある伝統的な料理に仕上げる上で、３Ｄフードプリンターによる革新的な手法が有効な場合もあるだろう。

KEYWORDS: **プロテインクライシス**　**代替たんぱく質**　**新奇食品**
培養肉　**植物性代替肉**　**昆虫食**　**微細藻類**　**消費者受容**

〔 江戸文様の培養肉 〕

食べた日	DEC 6, 2055
食べたもの	江戸紋様のしゃぶしゃぶ6種
内訳	麻の葉、唐草、青海波、七宝、矢絣、市松
店名	肉料理「笠まつ」
席数	98席（広間 2～4名、個室 2～18名、椅子席あり）
営業時間	平日：11:00～15:00／17:00～22:00 定休日：大晦日・元日

その他のメニュー
江戸紋様のすき焼き
江戸紋様の和風ステーキ
江戸紋様の肉刺し
天然牛肉のしゃぶしゃぶ（すき焼きに変更可）
植物性肉のしゃぶしゃぶ（すき焼きに変更可）
追加のお肉（格子、亀甲、かまわぬ、千鳥など）

気づいたこと
○ 江戸紋様のしゃぶしゃぶは、10種類、12種類、
　20種類のコースもある。
○ 培養肉の細胞は無菌環境で育てるので、
　天然の肉と違い、肉刺身など生食でも
　よく提供される。
○ 記念日オプションメニューに、
　その場で印刷する、似顔絵つきの肉もあった。

印刷された、さまざまな江戸紋様のしゃぶしゃぶ肉を食べる。

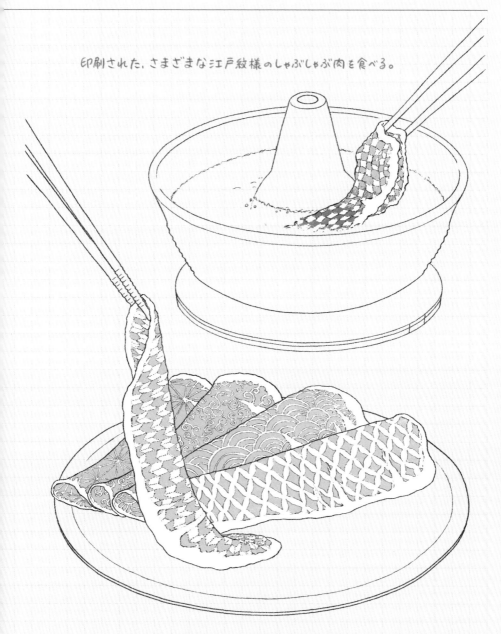

紋様の種類により、肉の赤身と脂身の割合が異なる。
肉の端の脂身は、天然の肉のようにリアルだ。

MON,
12/6
2055

それぞれの　肉がおいしい　美しい

　今日はうれしい出来事があり、記念のごちそうを食べること
にした。パッと気持ちが上がる料理を考えると、肉料理がまず
思い浮かぶ。店を検索すると、華やかなしゃぶしゃぶを名物
にしている料理店の情報が目に留まった。メニューを紹介する
画像で見るしゃぶしゃぶ肉は、これまでに見たことのない変わ
った見た目をしている。ごちそうを食べたい気分に加え、その
肉への好奇心が抑えきれず、すぐにその店に向かった。和風
で上品なしつらえの店内は多くの人で賑わっていたが、幸い、
待たずに入ることができた。提供される肉の華やかさのせい
か、どの客も笑顔で話しながら食べていたのが印象的だった。
数分後、実物の美しいしゃぶしゃぶ肉が自分の目の前にも並べ
られると、確かに、お祝いなどのハレの席にぴったりの肉だと
思った。

　その肉には日本の伝統的な江戸紋様の模様がついていて、こ
れが私が心惹かれた理由だった。模様は、赤身の赤色と脂身の
白色の2色でできている。綺麗に並べられた数々の江戸紋様の
肉は、日本食の店の雰囲気によく合っていた。しゃぶしゃぶ肉
を箸でつまんで皿から持ち上げると、店の照明の光が薄い肉を
透かして、赤身と脂身の色が一層、鮮やかに美しく見えた。

　鍋の湯の中にくぐらせれば、肉の赤身はおいしそうな褐色に
変わり、脂身もキュッと締まって、生肉の状態とは違った模様

【江戸文様の培養肉】

AD 2055

の変化が楽しい。それぞれの模様が、加熱によってどう変わる
かを想像しながら食べるのも面白い。

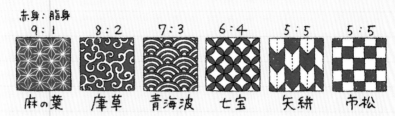

それぞれの江戸紋様の肉における赤身・脂身の割合

　肉は香りも味も牛肉によく似ているが、培養肉でできている
合成肉だ。3Dフードプリンターで印刷することで、複雑な紋
様を持った肉を作り出している。紋様の違いは、見た目だけで
なく、味の微妙な違いにも影響する。赤身と脂身が同じ割合
の「矢絣（やがすり）」は、まろやかで胡麻だれによく合い、赤
身の多い「麻の葉」は、さっぱりとしておろしポン酢にぴった
りだった。

　この店は江戸紋様の培養肉を売りにしていたが、メニューに
は天然の牛肉や植物性の肉もあった。もちろん最近は、一般的
なスーパーでも同じように、天然
の畜肉、植物性の肉、培養肉の売
り場コーナーがある。日常的に触
れていると忘れがちだが、自分が
食べるものを自分で選ぶことがで
きる生活は豊かだ。肉をしゃぶし
ゃぶしつつ、しみじみ思った。

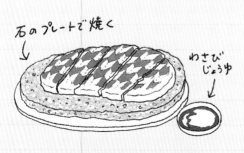

石のプレートで焼く

わさび
じょうゆ

メニューには江戸紋様の和風ステーキもある。

培養肉の登場と個人の食の価値観

チャーチルの"予言"が的中

　第二次世界大戦時の英国首相ウィンストン・チャーチルは、1931年に書いたあるエッセイの中で「50年後には、鶏の胸肉や手羽肉を食べるのに、ニワトリ1羽を飼育するという不合理から解放され、これらの部位を最適な培養液のなかで別々に育てるようになるだろう」と記した。チャーチルが予想したその「培養肉」は、今、現実のものになりつつある。

　培養肉とは、動物から採取した細胞を組織培養して人工的に作られた肉である。動物を屠殺する必要がなく、畜産業に付随する衛生、環境、倫理面の問題などを回避できると考えられていることから、別名「clean meat（クリーンミート）」と呼ばれることもある。

　培養肉の製造方法は、牛、豚、鶏、または魚介類などから採取した筋幹細胞を栄養素や成長因子が入った培養液の中で増殖させ、できた筋繊維を積み重ねて筋組織を形成する。肉牛の生育には2～3年を要するが、培養牛肉は数週間で製造されることも特徴の一つである。

　培養肉が世間に広く認知されたきっかけは、2013年にオランダのマーストリヒト大学のマーク・ポストがロンドンで開催した世界初の培養肉バーガーの試食会である。ウシの幹細胞を培養し、3ヶ月かけて増やした筋肉細胞に、パン粉と粉末卵を加えてできた140gの1枚の牛肉パティは、製造するのに33万ドルを要した。培養肉が食用になり得ることは示したものの、実用化されるにはコストの問題をクリアする必要があった。

　その後、数々のスタートアップ企業によって培養肉の開発が進められ、2020年12月には、米国の「Eat Just（イートジャスト）社」の培養鶏肉の販売が、シンガポールで世界で初めて認可された。この製品は会員制レストランでの販売向けに生産され、ナゲットとして一皿約1800円で提供されている。

家畜の肉は「天然」なのか「人工」なのか

　現在、日本では培養肉の一般販売は行われていない。培養肉の課題は、法的な問題を除くと、立体的に製造する方法な

どの技術的な面のほか、生産コストの低減や量産化を可能にすることなどが挙げられる。さらに難しい点は、培養肉や昆虫食といった代替たんぱく質食品は、その社会実装を疑問視する声があることである。現状、培養肉や昆虫食と聞いて、嫌悪感や抵抗感を持つ消費者は少なくないことが挙げられる。

人工的に作られた肉に対する消費者の抵抗感や安全性に関する不安を払拭することなく、培養肉を流通させることは困難であろう。培養肉を忌避する声の中には、「自然ではない」という理由がある。しかしその一方で、従来の肉に不安を抱いている声の中には、家畜を狭い施設に入れて、抗生物質やビタミン剤を大量に投与し、異常な速度で成長させた工業的畜産の肉がはたして「自然な肉」といえるのだろうかという意見を持つ人もいる。

3Dフードプリンターは、培養肉をステーキ肉といった立体の形にするのに有効な手段となるが、より多くの人が食べたくなるような肉に造形し、培養肉が持つネガティブなイメージを払拭するのに有効な装置となる可能性があるといえる。

選ぶ肉からわかる自分の食の思想

培養肉といった「新しい肉」が登場すると、それを提供する側が、消費者に対して肉の価値（動物愛護や環境負荷低減など）を伝える際の説明の仕方を工夫することや、それを受け取る側の消費者が、肉を選ぶ際の基準（嗜好性や健康機能など）を考えることは、それぞれ複雑化していくと予想される。たとえば、既存の家畜の肉と新規の培養肉が、風味も価格も同一になり、違いは製造工程だけになれば、最終的な肉の選択判断は、その人個人の食の好みや価値観、大きくいえば「食の思想」に委ねられる。

私たちは、日々の食に対して、精神・観念・価値などを常に確認しながら向き合うことは多くない。通常、食は習慣化されているため、目の前の食についていちいち考える必要性がないからである。

「この食を食べる／食べない」という意識を自覚するのは、食習慣や食行動に変化が生じた際や、異質な食文化や食環境に対峙したときである。培養肉といった新奇な食品が手に入るようになったとき、個々人の中にある食への価値観の違いや、食の何を重要視してきたのかなどを知る貴重なタイミングになるであろう。

4-2 DIARY

〚 昆虫アソートクッキー 〛

食べた日	AUG 22, 2055
食べたもの	昆虫アソートクッキー （コオロギ、ミールワーム、セミの幼虫）
原材料	コオロギ、ミールワーム、セミ、昆虫糖、昆虫油脂、 食塩、立体造形剤
販売者	株式会社虫とり
製造者	立体造形食品株式会社
商品情報	厳選された環境で昆虫を飼育し、 原料から丁寧に作りました。 昆虫糖や昆虫油脂を使い、すべての素材で 昆虫の味にこだわっています。 昆虫食の研究開発を長年続けてきたからこそできる、 繊細な食感の違いを生み出しました。 だれからも好まれるお菓子にして、 シンプルな缶に詰めました。 アニマルウェルフェアに配慮した昆虫の飼育管理を 行った製品です（認証取得済み）。
購入・入手場所	頂きもの
気づいたこと	○ 他にも、「イナゴ」や「カイコ」などの 　昆虫クッキーがあるようだ。 ○ 繊細な味の違いが楽しめる、大人向けのクッキー。

どのクッキーも原料は昆虫100％。
形によって変わる食感の変化を楽しめる。
リアルな昆虫の形になるほど、食感も複雑になる。
見た目に抵抗がある場合は単純な形から食べ始めると良い。

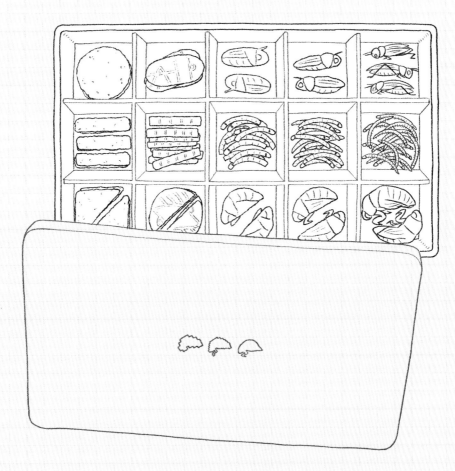

クッキー玉にきれいに並んで入っているので、
ちょっと驚く贈りものとしても最適だ。

新奇食材の利用を促進することができる

つぎつぎと　試したくなる　虫クッキー

SUN,
8/22
2055

プレゼントをもらった。丁寧にラッピングされた長方形の包みで、手に持った感じから、クッキー缶だとわかった。渡されたとき、「びっくりしないように。」と謎の忠告をされた。

持ち帰って包装紙を外してみると、シルバーのスチール缶に小さなマークが３つついている。何の形かわからないまま、フタを開けると、横３行縦５列の計15区画に分けられたところに、それぞれ異なるクッキーが詰められたアソートクッキーだった。しかし、何か妙な感じがした。それは、缶の右列の３区画に３種類の虫が入っていたからだ。この虫たちは、コオロギ、ミールワーム、セミの幼虫で、どれも綺麗な褐色の焼き色をしていた。

缶の右端から左の方へ目を移すと、昆虫の隣にはそれよりも少し抽象的な形のクッキーが入っていて、その左の列はさらに形がゆるく、そのまた左は虫の形に見えなかった。一番左側の列には、丸、長方形、三角形のクッキーがあった。まるで、昆虫の解像度が５段階で粗くなっていくようだと思った。成分表を見ると、昆虫そのものの形をしたものも含めて、すべて昆虫100％の材料で作られており、３Ｄ

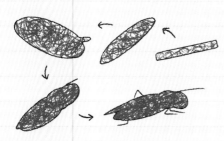

それぞれの断面を比べるのも面白いかもしれない。

【昆虫アソートクッキー】

AD 2055

プリンティング技術を利用して加工された食品だった。

　昆虫食は、すでにいろいろな商品が売られているが、見た目に抵抗がある人も多いらしく、今だにメジャーな食品とは言いがたい。私もクッキー缶を開けて、昆虫が見えたときは、正直ドキッとした。最初の一つを食べるときもなんとなく、左端の三角形クッキーに手が伸びた。かじるとナッツのような香ばしい風味と深いコクがあり、おいしかった。エビやカニなどの甲殻類に似ているものもあった。

昆虫好きの人へは、飛び出す形状に印刷された
コオロギ型クッキーのギフトボックスもある。

　順番に、昆虫の姿に近いものを食べていったが、どれも独特のサクサク感があった。特に、昆虫の姿そのもののクッキーは、ランダムに砕ける食感が面白かった。見た目の迫力とは裏腹の繊細な食感に驚かされた。３Dフードプリンターによって、複雑な構造をうまく作っているのかもしれない。

　これまで昆虫食を進んで食べることはなかったが、このように見た目が段階的に変わるものであれば、抵抗感なく試しやすいため、なるほどと思わされた。特に、リアルな形のものは、味も食感も驚くほど好みだ。あの人には私の性格を見透かされているかもしれない。

昆虫を食べたくない心理、
昆虫を食べたい心理

昆虫食の期待と課題

　2013年、FAO（国際連合食糧農業機関）は、「昆虫」を将来不足することが予想される畜産物などの動物性たんぱく質の代替食品として推奨する報告を行った。FAOが昆虫を推奨する理由として、1,900種以上の昆虫がすでに食用とされ、伝統的に食べられていること、飼料転換効率が良いこと、昆虫の多くがたんぱく質やミネラルなどが豊富であることが挙げられた。このFAOの報告が起爆剤となり、"古くて新しい"昆虫食に注目が集まることとなった。

　現在、昆虫食に関する研究開発は進んでいるが、最終段階である消費者が昆虫食を食べるかどうかという「受容」の割合は低いままである。昆虫食の利用を推進する上で、この昆虫食の受容をいかに高めるかが最大の課題といわれている。

新奇性恐怖と好奇心

　昆虫食の受容という問題には、当然食べる側の「心理」が深く関わっている。昆虫食受容・拒否に関する心理的な要因はいろいろ考えられるが、これまでの研究から「食物新規性恐怖」や「好奇心」などが深く関わっていることがわかっている。

　食物新奇性恐怖は、昆虫食の受容を阻害する心理的要因として大きい。食物新奇性恐怖とは、食べ慣れていない新奇な食べものに対して、その摂取を躊躇・拒否することを指す。「これまでに経験したことのない食品を食べるのが怖い」、「新しい食べものを信用していない」という心理である。多くの心理学の研究で、この食物新奇性恐怖が高い人ほど昆虫食を受け入れないということが報告されている。

　また、食物新奇性恐怖は嫌悪感とは異なる心理的因子と考えられており、それぞれに異なる不快感情が背景にあることが示唆されている。「昆虫食が食の世界では"新参者"」という心理が、恐怖感や不安感を喚起し、昆虫食受容を停滞させている可能性が考えられている。

　一方、昆虫食受容にプラスにはたらく心理的な要因として、好奇心がある。好奇心は、新奇、複雑、葛藤などを引き起こす対象への探索を動機づけるものであ

る。好奇心には知的好奇心などさまざまな分類があるが、昆虫食受容を促進する好奇心は「知覚的好奇心」であると考えられる。知覚的好奇心とは、新奇な感覚刺激への動機づけであり、昆虫食という新奇な視覚・味覚・テクスチャーを持つ刺激を受容したくなる因子であると考えられる。

また、知覚的好奇心は、新しい経験やスリリングな活動を好む人ほど高い個人特性である「刺激希求」とも共通性があると考えられている。すなわち、新しい刺激や経験を求めがちな人、好奇心が強い人ほど、昆虫食を食べる傾向にあるといえる。

昆虫食の受容促進の可能性

普段私たちは、調理という操作を施した料理を食べている。食材によって適切とされる調理法や料理があるように、昆虫食や培養肉といった新奇食品においても受容されやすい適切な調理が存在すると考えられる。たとえば、丸ごとの姿の昆虫食に嫌悪感を示す日本人は少なくないが、昆虫を粉末化したせんべいにすることでその受容性が高まることは一般的に知られている。このように調理法によって料理の見た目や風味、食感などの嗜好特性を変化させることで、食物新奇性

恐怖を減退させ、好奇心を惹起し、昆虫食が受け入れやすくなる可能性が考えられる。

また、料理の種類も昆虫食の受容を促進する効果があると考えられる。新奇食品には新しい料理ではなく、既存の料理の方が受容性が向上する可能性も考えられる。

さらに、どのような料理が適しているかは、昆虫の種類も関係する。たとえば、ミールワームを用いた料理では、肉団子の方が乳飲料よりも適切であるとされ、購買意向や官能特性の評価が高かったという報告もある。昆虫と料理の組み合わせが適切である場合、一回目の昆虫食の消費よりも、リピート購買において評価がより高くなることもわかっている。

このように、昆虫食を社会で普及させていくためには、それぞれの昆虫食の特性に合わせた適切な調理法や新しい料理を選択することが重要であると考えられる。3Dフードプリンターという"新しい調理法"は、さまざまな形状の料理を作ることができるという点で、昆虫食受容促進の一つのきっかけになるのではないかと思われる。

4 - 3 DIARY

〖 屋形船でプランクトン料理 〗

食べた日　　　MAY 5, 2055

食べたもの　　プランクトン会席料理 〜海の春〜

内訳　　　　　先付け、吸いもの、お造り、焼きもの、煮もの、
　　　　　　　　揚げもの、蒸しもの、ご飯類、水菓子

店名　　　　　屋形船珪藻丸海河屋

営業時間　　　ランチ：出発11:00　食事12:00〜14:30、
　　　　　　　　ディナー：出発18:00　食事19:00〜21:30

席数　　　　　12席

その他のメニュー　プランクトン会席料理 〜河の秋〜
　　　　　　　　プランクトン会席料理 〜AIまかせ〜
　　　　　　　　植物プランクトンコース 〜藻づくし〜
　　　　　　　　遠海宴会コース

気づいたこと
- ○「水に漂う地産地消に舌つづみ」がキャッチコピー。
- ○ 料理の説明のほか、食材に使われる
　各種プランクトンの説明をしてもらえる。
- ○ 当日に料理のコースを選んだり、
　途中で変更したりもできる。
- ○ 酒類などもプランクトンから作られているそうで、
　「大吟醸・夜光虫」「清酒かいあしスパークリング」
　「サルパ白ワイン」などプランクトンの名が
　ついている。飲み比べセットもあり。

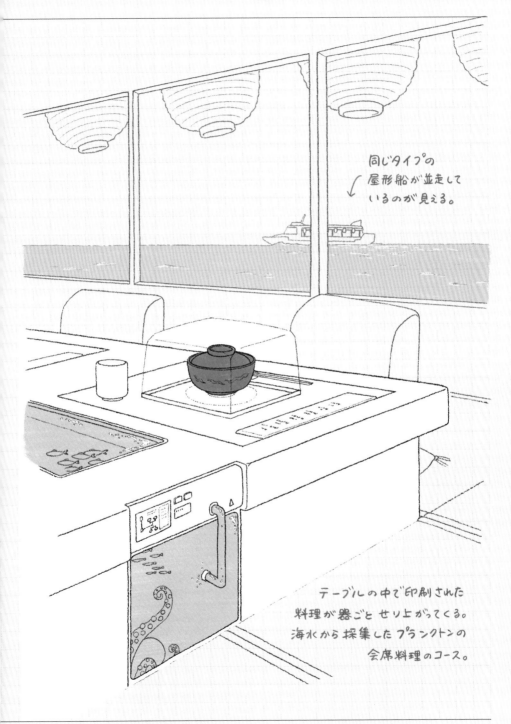

同じタイプの
屋形船が並走して
いるのが見える。

テーブルの中で印刷された
料理が器ごとセリ上がってくる。
海水から採集したプランクトンの
会席料理のコース。

新 奇 食 材 の 利 用 を 促 進 す る こ と が で き る

海中に　漂うおいしさ　話題にしながら

WED,
5/5
2055

　日差しがうららかな日だった。今日は、懐かしい顔ぶれに会ってきた。久々の再会で、少し特別な食事にしようという話になり、「屋形船」を予約した。昼前に乗船場に集合し、ひとしきり再会を喜びあい、船に乗り込んだ。船はゆっくり岸辺を離れると、突如、ジェット噴射して猛スピードで発進した。水面を滑るように走り、あっという間に陸地から遠く離れた海の上に着いた。春の日差しで、穏やかな海の水面がキラキラと輝き、屋形船の提灯が揺れるともなく揺れていた。

　貸し切りの4人席は、掘りごたつのように足を下ろして座る席だった。テーブルの中央と側面の一部にはガラス張りの部分があって、そこから水の中が見えた。水の奥に小さな魚の群れを見たり、ガラスに張りついているタコを見つけて興奮した。この水槽の水は船の下の海水を引き込んだものらしい。テーブルの側面のガラス面からは、透明な管が出ていて、それがテーブル板のフチにつながっていた。水槽の中の海水をテーブル板に引き込んでいるらしかった。フチにはスイッチやモニター画面のようなものがあり、「海水引き込み・正常」、「フィルター運転」、「3Dプリント開始」などの表示がある。このテーブルそのものが、3Dフードプリンターだとわかった。今日の料理は、海水から採集したプランクトンを材料にして3Dフードプリンターで印刷する「プランクトンのジビエ料理」だったからだ。

【屋形船でプランクトン料理】

AD 2055

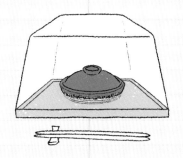

目の前の角盆から印刷された椀物が出てくるところ

　それぞれが座った席には、角盆のようなものが設置されており、それが印刷された料理の出口だった。角盆の上には透明で大きなカバーがぴったりと乗っていて、料理がせり上がってくるのが見える。煮もの碗の器は陶器製の碗のようで、蓋つきの上品な造りだった。聞けば、食材とは別に設置してあるカートリッジから、器も印刷されるという。メニューはオーソドックスな会席料理で、全てがプランクトンで作られたとは想像もつかなかった。なんとなく磯の香りがするような気がしたが、海の上にいるせいかもしれなかった。

　安定装置のおかげか、終始、船は揺れることなく、和やかに食事の時間は過ぎた。久しぶりの再会だったが、話題の中心はプランクトン料理で、海域によってプランクトンが変わると同じメニューでも料理の味は違うのか、日本酒をくみ交わしながら盛り上がった。皆、好奇心旺盛なところは変わっていない。別れ際、今度会うときはクルーズ船でプランクトン料理を食べに行こう、と約束を交わした。

Food Print SYSTEM

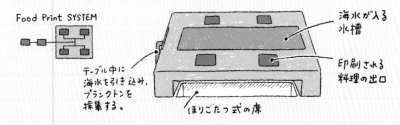

海水が入る水槽

テーブル中に海水を引き込み、プランクトンを採集する。

印刷される料理の出口

ほりごたつ式の席

4人掛けのそれぞれの席に、3Dフードプリンターが内蔵されている。

新奇食材の利用を促進することができる

4 - 3 TOPICS

「緑の革命」と「青の革命」

人類の食料生産の歴史

　イスラエルの歴史学者ユヴァル・ノア・ハラリは、一つの戦争で歴史が変わることは非常にまれであり、実際に人類の歴史の流れを変えてきたのは、偉人でも英雄でもなく、「食べもの」であると述べている。小麦、米、とうもろこしといった穀物や、大豆、じゃがいものような農作物の普及は、戦争よりもはるかに世界を変えてきたといえる。

　人類は、狩猟採取をしながら、何千年もの時間をかけて野生の植物を栽培用の品種へと改良してきた。動物も、ヤギや羊、豚、牛などの野生種を飼育しやすい品種にし、家畜とした。人類は、長い時間をかけて、自分たちの生活に合わせて食料を確保するための術を身につけてきた。

　人口と食料の問題に最初に焦点を当てたのはマルサスの『人口論』であるが、第二次世界大戦後、アジアを中心に人口が増え続けた結果、食料危機が急激に叫ばれるようになった。食料生産の現場において、効率を重視した生産方法の近代化が急速に進められた。農作物の大量生産は、20世紀前半にはアメリカで始まっており、品種改良されたとうもろこしや小麦、大豆などが、化学肥料を使って大規模に栽培されるようになった。

　20世紀半ば、インドや東南アジアなどで人口がさらに増加し、食料不足が深刻化した。この問題を解決するために、1940年代から1960年代にかけて、穀物の品種改良、灌漑設備の整備、肥料の増量などが試みられた。特に画期的だったのは、在来品種の問題点を解決した高収量品種（近代品種）の開発であり、これによって食料増産が進み、食料危機を免れることができた。これがいわゆる「緑の革命」である。アメリカの農学者ノーマン・ボーローグは、高収量の小麦品種を開発した緑の革命の立役者として、1970年にノーベル平和賞を受賞した。

食料生産の舞台は陸圏から水圏へ

　緑の革命が陸圏であったのに対し、水圏での食の革新は「青の革命」と呼ばれている。青の革命は、20世紀半ばから現在までの、世界の魚介類や水生植物の家畜

化と養殖といった、水産養殖生産の大幅な成長と強化などを指すことが多い。青の革命の背景には、1980年代後半の天然魚の漁獲量がピークを迎え、その後に停滞したことがある。その代わりに1980年代半ばから2000年にかけて、世界の養殖魚の生産量は50％以上増加し、養殖魚が世界の重要な魚の供給源として確固たる地位を確立した。

　魚だけでなく、水産分野の新しいたんぱく質源として「藻類」にも視線が注がれている。藻類は、光合成を行う生物の一つであり、わかめやこんぶなどの大型藻類のほか、淡水や海水などの水中に見られる植物プランクトンの「微細藻類」がある。微細藻類は、高い光合成能力を持つ独立栄養生物であるため、エサを必要としない上、二酸化炭素を吸収する。また、作物の栽培に適さない土地も利用できるなどの利点もあることから、生産が持続可能な生物といわれている。

　最初に食品として開発された微細藻類はクロレラである。1950年代から大量に培養されるようになり、現在も健康補助食品(サプリメント)として利用されている。クロレラに次いで大量生産が始まったスピルリナは、微細藻類の中でもたんぱく質含量が高く、スピルリナ粉末の50〜70％がたんぱく質である。また、必要な土地や水も少なくてすむことから、効率よく生産できる食材として知られている。その後量産化されたユーグレナ(ミドリムシ)は、植物と動物の両方の性質をもち、人間が生きていく上で必要な栄養素のほとんどを含んでいるといわれている。スピルリナとユーグレナは、優れた栄養価と生産性の高さから、宇宙空間で自給自足できる食としても研究開発が進んでいる。

　微細藻類の中でも特に注目されているのは、スピルリナである。スピルリナは、汽水域に生息する藍藻という藻類で、幅6〜10μm、長さ300〜500μmほどのらせん形の構造を持つ(スピルリナとはラテン語でらせんを意味する)。古くはアフリカ中央部にあるチャド湖に自生するスピルリナを付近の住民が天日乾燥し、ダイエと称し食用としていたとされる。

　このスピルリナを扱っているスタートアップ企業の中には、スピルリナを加工して「藻肉」の開発を行っているところも存在する。微細藻類は、今後、青の革命の代表となるのかもしれない。

CHAPTER **5**

時間や場所の制限をなくすことができる

時 間 や 場 所 の 制 限 を な く す こ と が で き る

〖 時 空 そ ば 〗

瞬 間 到 着 、 瞬 間 印 刷 ！

立ち食い蕎麦は、江
戸時代に流しの蕎麦
屋台から始まった。
2055年には3Dフー
ドプリンターを搭載
した無人の蕎麦屋ド
ローンを目の前に呼
び寄せて食べるよう
になった。麺や具材
だけでなく、どんぶ
りごと印刷されるの
も特徴である。

「えび天蕎麦」は、蕎麦、エビの
天ぷら、ねぎ、どんぶりがタイ
ミングを合わせてできあがって
いき、わずか3秒ですべて完成
する。エビは、下の方から断面
が少しずつ積層されるようにし
て印刷される。写真は、尻尾の
半分くらいまで完成した一瞬を
とらえたもの。

蕎麦は、完成した形のものが新体操のリボンのようにくるくると舞いながら、どんぶりの中に入る。天ぷらの下の蕎麦は、天ぷらよりも先に印刷される。写真では、最後に印刷されるねぎの細い緑色の輪郭が見えはじめている。

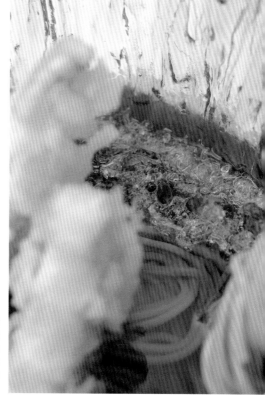

どんぶりには、印刷される食材の他に、つゆがナイアガラの滝のような勢いで注がれる。とはいえ、全体が計算された工程でできあがるため、つゆがどんぶりから溢れ出ることはない。

時 間 や 場 所 の 制 限 を な く す こ と が で き る

CHAPTER 5 : INTRODUCTION

無駄を省き、
いつでもどこでも食べられる

　製造業や物流業界などで用いられている用語に「ジャスト・イン・タイム (Just In Time、JIT)」という言葉がある。ジャスト・イン・タイムは、「必要なものを、必要なときに、必要な分だけ」を生産することを意味し、トヨタ自動車が導入したことで有名である。製造業全般に大きな影響を与えたこのジャスト・イン・タイムが、食の世界でも可能になった未来を考えてみる。

　トヨタ自動車のジャスト・イン・タイム生産は、製造現場における7つの無駄（加工の無駄、在庫の無駄、不良・手直しの無駄、手持ちの無駄、造り過ぎの無駄、動作の無駄、運搬の無駄）を排除するべく編み出された。
　ジャスト・イン・タイム生産は、余分な在庫を抱える心配がなくなり、スペースを削減でき、在庫を管理する作業の手間や人員も削減できる効果もある。他にも、光熱費や原材料費など、在庫管理にかかる固定費を削減する効果が期待でき、さらに、商品の発注から納品までにかかる期間や時間を短縮できる。
　人が自宅で行う調理は、そもそも食べたいときに必要な分だけを作るジャスト・イン・タイム生産といえる。しかし、家庭で食べる料理はそのとき家にある食材に依存し、さらに、作る人の調理の技能も料理の出来栄えに影響する。人が「必要なものを、必要なときに、必要な分だけ」を調理するのは、決して簡単ではない。
　3Dフードプリンターで料理を「ジャスト・イン・タイム調理」できれば、食の分野でも多くの無駄を省くメリットを享受できることになる。たとえば、食材の買い過ぎや作り過ぎが抑えられることに加えて、人が作る労力

や時間を省くことができると考えられる。

　3Dフードプリンターによるジャスト・イン・タイム調理が活きるのは、無駄の削減よりも、場所の制限をなくすことであろう。3Dフードプリンターをどこにでも持ち運びでき、その場所で料理を印刷できるとすれば、どこででも好きなものを食べることができる。食材カートリッジとそれを印刷する3Dフードプリンターを持参すれば、好きな料理を、山の頂上であろうが、宇宙であろうが、いつでもどこでも作ることができる。このことは、たとえば災害時に被災地でその人が食べたい食事を提供できることを意味する。

　いつでもどこでも料理が生み出されるという未来は、SFなどでよく描かれる。想像は容易だが、その実現にはいろいろなテクノロジーの進歩が必要である。携帯型3Dフードプリンターはその重要なツールとなる。

　現在、登山などで食べる行動食、宇宙で食べる宇宙食は、基本的にそのまま食べる完成品であり、調理することは想定されていない。「エニタイム・エニウェア調理」が可能になった未来では、いつでもどこでも"作りたての料理"が食べられることになる。そのような食経験は人にどのような感情をもたらすのであろうか。

KEYWORDS： ジャスト・イン・タイム調理　エニタイム・エニウェア調理
非常食・防災食・備蓄食　宇宙食　VR・AR
自動販売機3.0

〔　時空そば　〕

食べた日	JAN 21, 2055
食べたもの	えび天蕎麦
内訳	蕎麦、温かいつゆ、エビの天ぷら、ねぎ
販売者	蕎麦屋ドローン「時空そば」
営業時間	365日、24時間営業
その他のメニュー	かきあげ蕎麦／うどん しっぽく蕎麦／うどん きつね蕎麦／うどん コロッケ蕎麦／うどん かき揚げ丼 天丼 カレー丼
気づいたこと	○検索して呼び寄せるシステム。 ○お急ぎモード指定あり（追加料金）。 ○街中では周囲500mに1台程度ある。 ○料理の平均調理（印刷）時間4秒。 ○最高移動距離40km（離島にも行ける）。

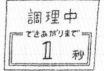

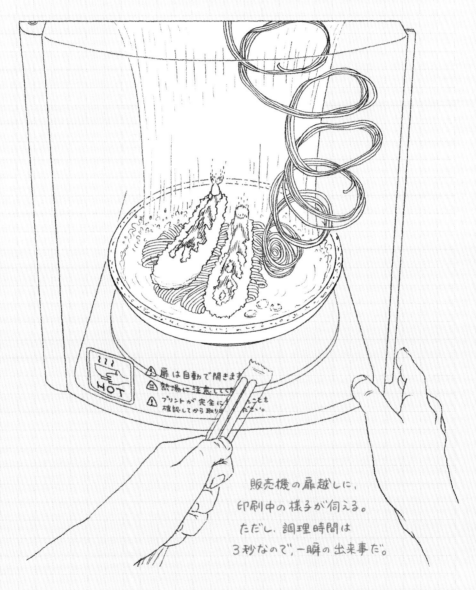

販売機の扉越しに、
印刷中の様子が伺える。
ただし、調理時間は
3秒なので、一瞬の出来事だ。

時 間 や 場 所 の 制 限 を な く す こ と が で き る

S - 1 DIARY

THU,
1/21
2055

飛んで来る　屋台の蕎麦の　温かさ

　午後、姪っ子の結婚祝いの席があった。小さい頃は、はしゃいで後をついてきた。それが昨日くらいかと思っていたら、今日「お世話になりました。本当にありがとうございました。」とかしこまって頭を下げられた。時の経過の早さに驚く。姪がはにかんで笑い、昔と変わらない眼差しで幸せそうにしているのを見ると、温かな気持ちが込み上げ、ぎゅっと目頭が熱くなった。周りの人たちに気取られないよう、慌ててグラスを煽ることを続けていたら、やや飲み過ぎた。

　ほっこりした雰囲気の会が終わり、街中に出ると、冬の冷たい風が酔って熱い顔にあたった。身体が縮こまって、少し空腹感を感じた。何か温かいものを食べたくなり、近隣にいる「蕎麦屋ドローン」を検索して、お急ぎモードで来るように手配した。

　数分後、暗い空の向こうから蕎麦屋ドローンが飛んできた。私のいた街角の小さな広場にはほとんど人影もなく、ドローンはすんなりと着陸した。身体は少し冷えていたが、まず水をもらい飲み干すと、頭が少しすっきりした。注文を何にするかしばらく迷い、少し豪華にえび天蕎麦にしようと思った。

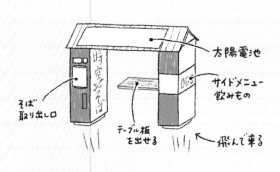

太陽電池
サイドメニュー
飲みもの
そば
取り出し口
テーブル板
を出せる
飛んで来る

3Dフードプリンター内蔵・蕎麦屋ドローンの図

【時空そば】

AD 2055

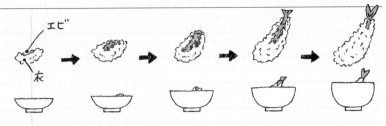

エビの天ぷらは、衣がエビを下から包み込むような形で印刷されていく。

　注文のボタンを押すと、蕎麦ができるまでは一瞬だ。わずか3秒で麺、天ぷら、ねぎだけでなく、器まで印刷され、つゆも滝のように流れ込む。印刷物は取り出し口の台の上に細かく積まれていき、最終的にえび天蕎麦の形になる。麺だけは、完成形がリボンのように舞い落ちる仕組みで、これが麺の喉越しの秘訣らしい。的確な順序で印刷が進んでいるのだろうが、実際には透明な取り出し扉の奥に、えび天蕎麦がいきなり現れたように感じる。立ち食いそばは早いのが取り柄だ。印刷された熱い蕎麦をすすった。

　ドローンの屋台は、2本の柱状の土台に屋根がついていて、この柱の部分に販売機がある。江戸時代の蕎麦屋の屋台がモデルだそうだ。江戸の街では、このドローンに似た屋台を人が担いで売り歩き、私のように立ち食いした客がいたのだろう。蕎麦屋ドローンは、機械が全自動で営業している。どの料理も、内蔵の3Dフードプリンターから出力される。屋根の部分には太陽電池を搭載しており、時には街中を自走している。食材が足りなくなる前にカートリッジの倉庫にも行くらしい。そんなテクノロジーが満載の屋台だが、見た目は時代を感じる懐かしい風情がある。時を経ても変わらない感じと温かい蕎麦が、私が蕎麦屋ドローンをよく利用する理由なのだろうと思う。

時間、場所、人の制約から解き放たれた"レストラン"

「自動販売機3.0」とは

日常生活の中で当たり前のように見かける自動販売機。いつでも、どこにでもある自販機で飲みものなどが自由に買える日本は、世界一の自販機大国ともいわれる。その身近な自販機の世界にも、イノベーションの波が押し寄せている。

最初に開発された自動販売機は、缶やペットボトルに入ったドリンクを販売するシンプルなものであった。現在も主流であるこのタイプを「自販機1.0」とすると、その後に登場した紙カップ型のコーヒーの自販機で見られるような、自分で砂糖の量やコーヒー豆の量を調整できる自動販売機が「自販機2.0」という位置づけになる。そして新しい潮流になりつつあるのが、小さな飲食店とでもいうべき進化版の「自販機3.0」である。

自販機3.0は、「無人飲食店」や「移動型飲食店」といった類のものであり、オーダー、調理、提供、決済のすべてを人の手を介さずにできる次世代型自販機のことである。

自販機3.0の例として、米国で設置されている「サラダ自販機」がある。冷蔵機能を備えた内部に、最大22種類、100食分の野菜がストックできる。注文はタッチパネルで行い、8種類のサラダから食べたいものをチョイスし、ドレッシングやトッピングなどをお好みで指定し、自由にカスタマイズしていくという提供システムである。サラダ以外にも朝食メニュー、スナック、インド料理、地中海料理なども提供できるという。この自販機は、高さ194cm、幅78cm、奥行96cmというコンパクトなサイズで、全米各地の大学、病院、企業の社員食堂などに設置が進められている。

また、米国スタートアップ企業が開発した「ラーメン自販機」も普及している。タッチパネルでメニューを選ぶと、冷凍保存された生麺タイプのラーメンが解凍・調理され、約90秒程度で熱々のラーメンが食べられるというものである。24時間、365日、人の活動がある空港、高速道路のPA、駅などといった、食事をする時間と場所が限られた施設を中心に設置されている。日本でも同様のものが昭和からあった。

全自動ロボット飲食店ならではの価値

自販機3.0は、簡単な料理を行うことから「箱形調理ロボット」ともいえる。外食産業の新たなオペレーションの担い手として、「ロボット」への期待は年々高まっている。その背景にあるのは、外食産業における人手不足の深刻化である。

人手不足の飲食店において、「ロボットの手も借りたい」仕事は幅広く存在する。すでに調理、洗浄といった飲食店のバックヤードの仕事以外にも、配膳といったフロント業務の一部を担うロボットが登場している。料理を運ぶロボット、蕎麦を茹でる、洗う、締めるという一連の調理操作をするロボット、食器洗いをするロボットなどがファミリーレストランや焼肉店などの外食産業で活躍している。

米国には注文が入るごとに一つずつクオリティーの高いハンバーガーを自動で作り上げる「全自動ハンバーガーロボット」が開発されている。シェフの技をアルゴリズム化して搭載したロボットが調理のすべてを担っており、客からの注文を受けて野菜をカットし、バンズをトーストし、パティを焼くといった一連の調理工程を全自動で行っている。トッピング選びから味つけ、パティの焼き方まで、顧客一人ひとりの細かい注文にも"ロボットシェフ"が応えるというものである。

興味深い点は、このハンバーガーロボットによる調理過程が顧客からすべて見えることである。顧客からすれば、自分が注文したものが目の前で調理されているという安心感が得られる。また、焼きたてのパンを自動で製造する「全自動パンロボット」も開発されており、ハンバーガーロボットと同じように、パン生地をこねる様子、焼き上がる様子といった製パン工程の流れを外からすべて見ることができるようになっている。この「ミニ食品工場見学」ともいえる体験は、顧客にできた食べものを提供するだけでなく、できる過程も楽しませてくれるエンターテイメントを提供している。

COVID-19の影響により、非接触需要が高まったことの後押しもあり、現状の自販機3.0や全自動ロボット、さらに3Dフードプリンターを活用した無人飲食店などは、有人飲食店とはまた違った新しい食体験ができる、身近で便利なレストランとして進化していくであろう。

S - 2 DIARY

〚 拡 張 す る 果 物 狩 り 〛

食べた日	JUN 6, 2055
食べたもの	りんご ←まだ食べていない。
製品名	吊り下げ式フードプリンター 「ぶらぶらぶりんと・風鈴さん」
製造者	株式会社MINOMUSHIコーポレーション
取り扱いガイド （使い方）	1. プリンターのコードを、天井などに取りつける。 2. 電源をONにする。 3. 印刷したい食材を指定し、 　　そのフードカートリッジを入れる。 4. 印刷が開始される。
取り扱いガイド （性能）	印刷速度は３段階（※りんご1個は、1、3、10分）。 解像度を上げるには、印刷時間を長くするのが おすすめです。 単品の食材の印刷専用。
注意書き	危険ですので、印刷された食品を直接、 口で受けないでください。
気づいたこと	○カートリッジの種類は、 　果物、野菜、麺、肉などがある。 ○果物狩り専用の拡張世界は、眼鏡の拡張モード 　機能から選択し、プリンターと同期して使う。 ○家庭用のほか、業務用（レストラン、病院、学校向け） 　もあるようだ。

〚 拡 張 す る 果 物 狩 り 〛

AD 2055

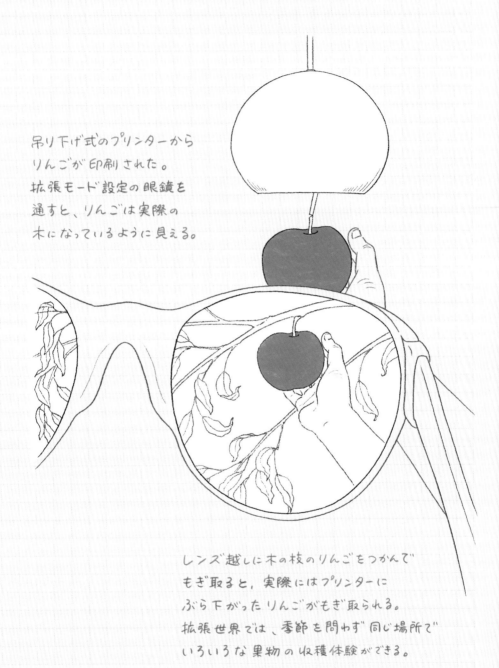

吊り下げ式のプリンターから
りんごが印刷された。
拡張モード設定の眼鏡を
通すと、りんごは実際の
木になっているように見える。

レンズ越しに木の枝のりんごをつかんで
もぎ取ると、実際にはプリンターに
ぶら下がったりんごがもぎ取られる。
拡張世界では、季節を問わず同じ場所で
いろいろな果物の収穫体験ができる。

SUN,
6/6
2055

吊り下がる　りんごを見たの　初めてで

　小学生の娘が、真剣な顔で「すぐにりんご狩りをしたい。」と言ってきた。何かの映像でりんご狩りを初めて見て、自分たちが果物を木から直接取るという行為に衝撃を受けたという。私も果物狩りをした経験はほとんどない。子どもの頃の数回くらいだろう。とはいえ、果物を探して自分で取って食べるという過程に興奮し、夢中になった感覚は今でも覚えている。今の子どもたちなら、なおさら新鮮な体験だろう。しかし、今はりんごの季節ではない。果樹園に連れて行くにも、少し遠方まで行かなければならなかった。うやむやな返事で逃げ切ろうかと思ったが、娘も私と同じく、気になったことはチェックしたい性格だ。直立不動で睨みつけてくる娘に、拡張世界での果物狩りを提案すると、すんなりOKされた。

吊り下げ式のプリンターは、麺類などを直接、鍋に投入できる。

　早速、キッチンに吊り下げ式3Dフードプリンターを取りに行った。このプリンターは、ペンダントライトのように上から吊り下げて使うもので、調理道具に直接投入する食材を印刷するために使われることが多い。例えば、麺などを印刷して、そのまま沸騰させた鍋や熱したフライパンに落とすことができるので便利だ。吊り下げ型プリンターにはいろいろな派生版があって、風鈴タイプ、

風鈴型　ランプシェード型　ハンガー型　ハンドベル型　こづち型

食品が下方に印刷されるタイプのプリンターには、いろいろな形がある。

ハンガータイプ、テーブルライトタイプ、こづちタイプなどがある。もともとは、スパイスや粉チーズなどの粉末を料理の上に振りかけるのに考案された。プリンターと、りんごのカートリッジを持って、部屋に戻った。

　プリンターの吊り下げ紐を天井に取りつけ、紐を長めにして、娘の目線より少し上くらいにプリンターが下がるようにした。都合良く、りんごの枝の高さを決めてしまったが仕方ない。プリンター内にカートリッジをセットして印刷を開始すると、1個のりんごがプリンターにぶら下がるようにして出てきた。傍らにいた娘が驚いている。娘はあらかじめ拡張モードに設定した眼鏡をかけていたので、レンズを通して見ている世界はりんごの果樹園だ。目の前に丸々とした赤いりんごがあると言う。軸の部分をさわったり、ぐるっと一周眺めたり、しばらく観察していたが、慎重にもぎ取るとしばらく大事そうに持っていた。何個かりんごをもぎ取って、その日の果物狩りは無事に終了した。

　自分で"収穫"した果物を娘は机に並べていた。得意げに、りんご狩りは簡単だったと言う。実際のりんごの木を見たほうが良いかもしれない。そのうち一緒に、本物の果物狩りに行こうと思う。

仮想と現実が融合された 食の世界線

仮想世界での耽美な食の体験

1999年のSF映画『マトリックス』で、ある食事シーンが出てくる。コンピュータによって作られた「仮想世界」ではおいしいステーキやワインを食べているが、「現実世界」では、"鼻水"のような粥を食べているという場面である。

「メタバース」といった仮想の世界は、時に現実の世界よりも人を魅了する力を持っている。「VR（仮想現実）」や「AR（拡張現実）」といったテクノロジーは、現実世界と仮想世界を融合し、新しい体験を創造するものとして期待されている。

VRは、主に三次元のCGで構成された映像すべてを、ヘッドマウントディスプレイなどを装着して知覚させるというものである。完全なバーチャル（仮想）空間として、その世界に没入した体感ができるメタバースの主流の技術である。

一方ARは、現実の風景に、さまざまな情報を重ね合わせて見せる技術である。スマートフォンやタブレット、サングラス型のARグラスを通して見ることができるため、気軽に体感でき、個人で楽し

めるゲームなどで多く採用されている。

ものを食べるという行為はリアルな体験であるが、VRやARによって、食の世界にもたらされる現実を超える体験や価値とは何であろうか。

VR・ARによる食体験の多様化

VRやARは、現実もしくは現実以上に私たちの五感を変化・増幅させる手段として効果的である。料理の色や形状、周りの環境をいかようにも変えることで、没入感を高め、現実とは違った世界観を見せることもできる。たとえば、VR技術の錯覚を利用することで、実際に食べているものをおいしくさせるプロジェクトがある。3Dフードプリンターで印刷した低エネルギーで高栄養素の食品を、特殊なVRヘッドセットを介して、アロマディフューザーによってにおいを再現し、骨伝導トランスデューサーによって咀嚼音を模倣して五感を刺激するものである。このようなVR技術は、病気や体質などによって食事を制限された人の自由度を上げることや、肥満を予防する装置とし

ての利用などで期待されている。

　また、ARについても、スマートフォンを食品や料理にかざすことで、栄養素やトレーサビリティなどを可視化する場面ですでに用いられている。VRやAR技術を活用することで、仮想世界と現実世界を組み合わせて、新たな情報の取得や人間の感覚の拡張などができることに加えて、ゲームの世界に出てくるモンスターやドラゴンを食べるといった、これまで考えもしなかった食体験が可能になると思われる。

バーチャル共食

　コロナ禍の際、パソコンを通じた「オンライン飲み会」などが盛んに行われた。それ以前から家族、恋人、友人同士で、ビデオ通話でコミュニケーションを取りながら食事をしている人もいた。このように同じ空間を共有せずに、誰かと一緒に時間を共有しながら食べる「遠隔共食」はすでに可能であるが、VRやARは、それとはまた別の価値を提供できる可能性がある。その例として、社会的な問題となっている「孤食」への対策がある。

　孤食は、自分のペースで楽しむことができる食事であるが、成長期の子どもや、一人暮らしの高齢者にとって、孤食が習慣化することは、偏食や欠食の原因になることに加えて、精神的に不安定になるなど、問題を引き起こす場合があるといわれている。特に、一人で食べたくはないのに食べざるを得ない人にとっては深刻な課題である。

　筑波大学のグループは、"時間を同期させずに、一緒に食事をする"ためのシステムを開発している。「非同期疑似共食会話」と名づけられたそのシステムは、モニターに映った過去に撮影された録画映像の人と会話をしながら一緒に食事をするものである。さらに、ビデオモニターに映ったCGキャラクターが、人と同じようなタイミングで食事の仕草をする「食事エージェントシステム」による、共食コミュニケーションの可能性も検討されている。

　このような研究は、一緒に食事をする相手が必ずしも同じ空間、同じ時間にいなくても、さらに人間ではなくても、食事を共にする楽しみを人は感じ取ることができる可能性を示している。VRやARを活用すれば、たとえば、すでに亡くなった家族や、個々人の好きな仮想の存在と会話しながら「バーチャル共食」するような世界が実現する可能性が考えられる。

〔 ポケットフード 〕

食べた日	MAR 10, 2055
食べたもの	ポケットフード（ハム＆チーズトースト）
原材料	パン、チーズ、ハム、マヨネーズ、塩、こしょう、圧縮剤
販売者	ポケットフーズ株式会社
製造者	株式会社コンプレスド
商品情報	いつ、どこでお腹が空いても、チーズがとろける焼きたてのおいしさをすぐに味わえます。ふっくらもちもちの食パンは大満足の食べ応え。当社独自の「ふんわり圧縮製法」で、ふっくらと膨らむ食品に仕上げました。シンプル＆スリムな袋入りだから、デスクの上やカバンの中にもすっきり収まります。
購入・入手場所	総合専門小売店
気づいたこと	○ 膨らむと温かくなるサンドイッチで、食パンには香ばしい焦げ目がついている。 ○ 災害用にも便利ということで、商品のメニューが増えている。 ○ 素材を生かした商品が多く、元の食品そのものの味を再現しているようだ。

ティッシュのように
薄く折りたたまれた
ものを取り出すと、
大きく膨らみ、
トーストサンドになる。
同時に温かくなり、
チーズのとろける
食感も楽しめる。

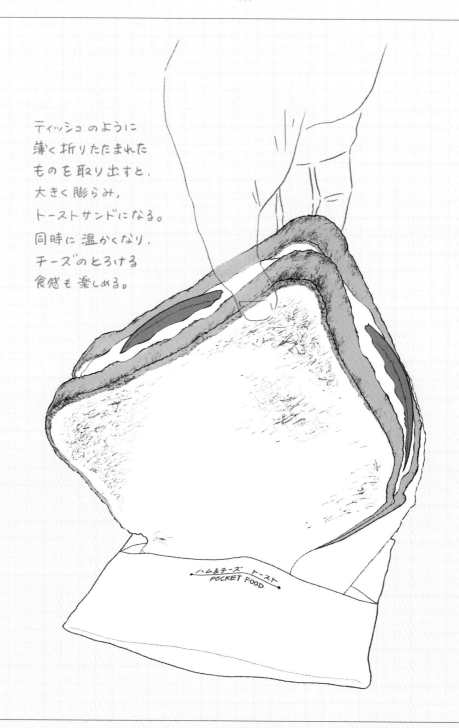

ハム&チーズ トースト
POCKET FOOD

WED,
3/10
2055

温かい　トーストサンドに　ほっとする

【ポケットフード】

AD 2055

　日本は、台風、大雨、洪水、土砂災害、地震、津波、火山噴火など自然災害が発生しやすい島国だ。歴史に残る数々の災害で、多くの教訓を得てきた。災害食も年々進化しており、おいしくて、安くて、普段使いもできるものが増えている。今日も『ポケットフード』という、災害時に便利そうな食品を見つけたので、試しに買ってみた。購入したのは、トーストサンドだ。

　ポケットティッシュのような袋に、「ハム&チーズトースト」と表記されている。袋を開け、中に入っている薄い紙を引き抜い

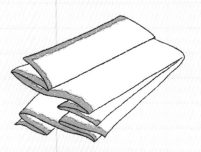

ポケットフードはポケットティッシュのように
折りたたまれているらしい。

ていくと、袋の外に出た部分がどんどん膨らんだ。手でつかんでいたものは、いつのまにかトーストサンドになっていた。食パンにはこんがりとした焦げ目があり、挟んであるチーズはとろけておいしそうだ。ハムも先ほどの薄い紙の何倍もの厚みがある。

　驚いたのは、サンドイッチが温かいことだった。空気に触れると熱くなるカイロのようだ。このサンドイッチはコンパクトに折りたためるように設計され、3Dフードプリンターで印刷されているという。私の祖父母たちが見たら、手品のように感じたことだろう。

　ポケットフードには、ハム&チーズトーストの他にも、BLT、てりやきチキンなどの単品や、たまご・ツナ・ハムのトリプルポケットという商品があった。また、おにぎりなどのご飯類、ドーナツやたいやきといったお菓子類まである。甘いものは、緊張が続く災害時に、ほっとする瞬間をくれるかもしれない。

　このポケットフードの賞味期限は約5年と、最近の災害食としては短めだが、ただ備蓄しておくだけではなく日常の食事としても使えそうだ。携帯しやすく、食べやすいので、小腹が空いたときに便利かもしれない。

　3Dフードプリンターが普及して、いろいろな場所で食べものが印刷できる環境が整った。学校、公共図書館、保健所などの公共施設、鉄道駅などのプラットフォーム、バスや電車などの公共交通機関、自動販売機などといったところで、非常時にも最低限の食が確保できるようになっている。車のダッシュボードに3Dフードプリンターが搭載されたモデルも登場した。普及すれば、ファストフードのドライブスルーがスルーされるようになるかもしれない。ただ、非常時に提供される食は、使えるカートリッジの内容や量に左右されるため、各自でも災害食を持っておくことは大切だ。備えをしたら、災害が来るまで憂う必要はない。できることをやっておこうと思った。

ポケットフードにはいろいろな種類がある。

トーストサンド　おにぎり　カレーパン　ドーナツ　たいやき

災害時、ほんとうに食べたいもの

「もしも」に備える食と心

　「非常食」や「防災食」の備蓄に関するアンケートを見ると、災害に備えて食料品を備蓄していると答える人の割合は決して高くはない。災害直後の防災意識が高まったときは上昇するが、平常時は4〜6割程度にとどまる。しかし、「今、手元にある食料でどの程度生き延びることができるか？」と尋ねれば、数日とか、水とコンロがあれば1週間といった具体的に答える人も多いだろう。

　非常食や防災食と聞かれると、日頃自分が食べているものと違う、何か特別な食事のように感じる人も少なくないだろう。しかし、非常時だからといって人は急に特別なものが食べたくなったりするわけではない。たとえば、カンパンは長期間保存が可能で、フタを開ければすぐに食べることができる優れた食品であるが、被災したときに、特段おいしく感じる食べものではないだろう。むしろ非常時だからこそ、普段食べている普通の食事を強く求める傾向が私たちにはある。

　私たちは、災害は非常時のことであり、

日常生活とは遠いことと考えがちである。しかし、長い年月の間隔で考えれば、私たちの住む日本は、どこかで絶えず災害が起こり続けている「災害の国」である。そのため、防災食を特別視したり、日常から切り離せば切り離していくほど、私たちが生き抜く上でむしろ大きな障害になる。すなわち、災害は滅多に来ないものと考えると、わざわざ災害に対して準備することが億劫になったり、備蓄食が普段食べないようなものになってしまう恐れがある。

　災害に備えて防災食を考えること、食を備蓄することは、間接的に災害を考えることである。「災害なんて、来ないでほしい」と思うからこそ、備蓄について考えることが先延ばしになる根本の原因であると思われる。平常時にわざわざ災害のことなど考えたくないというのが、人の普通の心理ではあるだろう。

人は同じものを食べ続けていると飽きる

　多くの場合、大規模災害が発生後、避

難所などでおにぎりやパンが配られると、とても喜ばれる。しかし、それが何日も続くと、どんな状況であってもありがたみは次第に減衰していく。人はどうしても、同じ食べものを何日も食べ続けると、どんなにおいしいものでも飽きてしまう生きものである。

人の体は、空腹のときはまずエネルギー源を欲する。主食系の食品であるおにぎりやパンは、体を動かすエネルギーを供給しやすいということもあり、最初に配給するのは適切であるといえる。しかし、毎回同じ主食が中心の食事では栄養が偏り、さらに、飽きることで心が満たされにくくなる。

現代人は、食に対して欲求が多くなっている。食経験も豊富なので、おいしくないものでは満足できない場合も多く、さらにおいしいものでも三日も続くと飽きてくる。贅沢な暮らしをしているつもりはなくても、食産業の発展によって、ある程度の変化に富んだおいしい食事をするのが、日常的に可能である。災害時に食事のバリエーションと栄養バランスをどう保つかは難しい課題である。

食べ慣れたものでほっとする

人は同じ食に飽きる一方で、「普段食べているものを食べたい、食べ慣れないものは食べたくない」という心理もある。単一的な味だと、どうしても飽きるので変化も必要であるが、一方で食べ慣れたもので安心したい、という二つの面がある。

炊き出しで、豚汁などが用意され、温かいものを食べることができて「ほっとした」という話をよく聞く。寒い時期に起こる災害では、温かい食べものによって体が温まり、緊張感がほどけて身も心もいくらかリラックスするであろう。加えて、馴染みの味であることも、心が落ち着く要因となる。人によって欲する食べものは違うが、普段自分が食べている食事に、災害時はほっとするであろう。とくに高齢になると、口にしたことのない料理は苦手な場合が多いのではないかと思われる。

食が進まず、お腹を満たすことができないと、元気にはなりにくい。そのため、備蓄食を考えるときには、普段自分や家族がどんなものを食べているのかを考えることが、大事なポイントになってくるであろう。

３Ｄフードプリンターはいつでもどこでも、個人に合った食事を提供できるポテンシャルを有するが、その役割が最も求められる"現場"が災害食や防災食である。

CHAPTER 6

データやAIを活用することができる

データ や A I を 活 用 す る こ と が で き る

〖古生物のミックスグリル〗

化石のデータから復元された夢の料理

このアンモナイトは、2051年に発掘された化石のDNAから再現されている。イカの近縁であるアンモナイトだが、このメニューでは、より食べやすいように３Dフードプリンターで印刷されているため、可食部は見た目だけでなく、味や食感もイカによく似ている。

ティラノサウルスの前脚は、食べやすいサイズに縮小印刷されている。骨は、骨格標本のように綺麗に取り出すことができる。天然の鶏肉にあるような軟骨や血管はない。

このミックスグリルは、古生物の骨格などに親しみを持って学ぶために考えられた、博物館併設レストランのメニューである。大きさや構造などは、古生物そのままを再現したものではなく、ポイントがわかるように作られている。おいしさを重視したメニューなので、肉の味や食感などにも工夫が感じられる。

三葉虫の殻は、ソフトシェルクラブのような食感になるように設計されている。加熱した殻の色が赤いことから、三葉虫はカニ、エビの仲間であることがわかるようにもなっている。

CHAPTER 6 : INTRODUCTION

食べてもなくならない 料理ができたら

　食の特徴の一つは、その瞬間、その場所でしか味わえないことである。旅先での名物料理や幼い頃の思い出の料理などは、食べるとき、食べる場所が限られているからこそその貴重さがある。ライブ会場で観るコンサート、劇場で観る芝居と同じようなものであろう。体験した食はずっと取っておけない、消えてなくなるものだからこその希少価値がある。しかし、食を"記録"できたら未来はどうなるであろうか。その可能性を考える。

　料理の情報の記録には、今のところ「レシピ」しかない。レシピは、材料や作り方を書いた文字や絵、写真のレシピが主流だが、レシピサイトでは、動画が活用されている。料理を音楽でたとえるなら、文字情報のレシピは楽譜に相当し、調理動画はコンサートの映像に相当するであろう。
　料理と音楽を記録する際に最も異なる点は、音楽の場合、物理的な音波の情報が大きいが、料理の場合は、見た目、味、香り、食感、音などの五感すべてに関わる情報が含まれるということである。料理は、動画で視覚、聴覚などはある程度記録できるとしても、味覚、嗅覚、触覚の情報を残すのは難しい。未来には、音楽の録音、映像の録画のように、料理そのものを"録食"する技術が生まれるであろうか。
　料理の見た目、味や香りの成分や、分子・組織構造といった複雑な情報を「料理スキャナー」などで統合的に取り込むことができれば、食を記録する第一歩となるであろう。また、料理そのものの形態を記録するのではなく、人の調理の操作を記録するという方法もある。2020年、イギリスのモーレイ・ロボティクス社は、世界初の自動調理キッチン「ロボティック・キッチン」を発売した。これは調理を行う2本のロボットアームが、人の調

理データを記録し、その調理操作から、見た目はもちろん、味もそのまま
コピーした料理を作るというコンセプトである。

　料理は、生物の進化と同じように、新しいものが生まれては消えている。
日本各地に残る伝統料理などは、作る人がいなくなればそのまま消えてい
くものが多い。絶滅のおそれがある生物の「レッドリスト」があるように、
料理にも多くの“絶滅危惧種”が存在する。料理そのもの、もしくは調理操
作をより詳細に記録、データ化できれば、これまでのレシピよりもさらに
オリジナルに近い料理を後世に残すことができる。料理を忠実に録食した
再現可能なデータは、重要な文化史資料になる。

　産業界では、AI（人工知能）やビッグデータなどの仮想のサイバー空間
と、ロボット、IoT（もののインターネット）などの現実のフィジカル空間
が融合した、「サイバーフィジカルシステム」と呼ばれる製造が行われてい
る。現実の料理の構造的なデータが取り込まれ、ビッグデータとして集積
され、さらにその後、料理データの再生技術としての３Ｄフードプリンタ
ーがあれば、あらゆる料理を再現することができる。つまり、料理の仮想
と現実をつなぐ食のサイバーフィジカルシステムが可能になる。今の料理
は、時間と場所が制限されるが、そのデータの正確なアップロードと正確
なダウンロードが可能になれば、未来の料理は、時空を超えるものになる
であろう。

KEYWORDS: 録食　サイバーフィジカルシステム　スマートキッチン
AI　生成AI　自動調理機械・ロボット

6 - 1 DIARY

【 古生物のミックスグリル 】

食べた日　JUL 4, 2055

食べたもの　古生物ミックスグリル
（三葉虫、アンモナイト、ティラノサウルスの前脚）

内訳　三葉虫、アンモナイト、ティラノサウルスの前脚、
つけ合わせの野菜（にんじん、ブロッコリー、コーン）

店名　ミュージアムレストラン「歴史の地層」

営業時間　11:00〜17:00（ラストオーダーは16:20）、
夜間開館日 11:00〜20:00（ラストオーダーは19:20）

座席数　150席

その他のメニュー　人類の始まりプレート
タイムトリップカレー・鎌倉時代
タイムトリップサンドイッチ・平安時代
火星野菜のスパゲッティ
4万5000光年のアストロパフェ

気づいたこと
○ 国立科学技術・歴史情報博物館内にある
レストランを利用。
○ 古生物ミックスグリルは、
期間限定・古生物展特別メニュー。
○ 特別展メニューには、
「くらべて！古生物骨格グリル」、
「最古のフィッシュバーガー」などがあった。

【古生物のミックスグリル】

AD 2055

博物館のレストランの
古生物展特別メニュー。
人気の3種類の
ミックスグリル。

地層のように見える
塩とこしょう

グリルされた三葉虫、アンモナイト、ティラノサウルスの前脚に
興奮し、オーソドックスな つけ合わせの野菜にほっとする。
まず、アンモナイトから食べ始めようと、長い触腕を引き上げると、
目が合ったようでどきっとした。

6 - 1 DIARY

〔古生物のミックスグリル〕 AD 2055

SUN, 7/4 2055

殻と骨　味よみがえる　発掘品

「動く古生物展」を見に、国立科学技術・歴史情報博物館に行ってきた。化石のDNAデータから復元され動き回る古生物が展示の見どころだ。ダイナミックな展示に興奮し、すべてを見終わると、昼食の時間をとっくに過ぎていた。途端に、お腹が大きく鳴った。夢中になり過ぎて、自分が空腹だったことに気づかなかった。

　慌てて博物館のレストランに行くと、入り口に「期間限定・古生物展特別メニュー」とある。メニューには見てきたばかりの古生物の料理が並び、心惹かれた。中でもボリュームがありそうな『古生物ミックスグリル』を食べることに決めた。好きな具材を選べたが、迷うことなく「三葉虫、アンモナイト、ティラノサウルスの前脚」のセットにした。

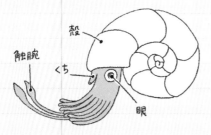

殻

触腕

くち

眼

2051年に見つかったアンモナイトの化石がグリルのモデルになっている。

　ステーキ皿には、所狭しと古生物が盛りつけられていた。香ばしい匂い、肉の焼ける音、こんがりした色に、思わず唾を飲み込んだ。まずは、真ん中に置かれたアンモナイトの長い触腕にフォークを突き刺す。ナイフで切って食べると、焼きイカのような香りと味で、プリプリした食感だった。貝殻が大きく、可食部は多くないので何匹でも食べられそうだ。鮮やかな赤色に焼けた

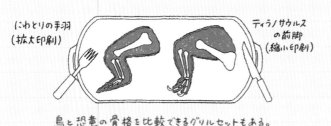

三葉虫はソフトシェルクラブのような食感で、味も甲殻類に似ていた。こちらは手で持ってパリパリ食べた。最も食べ応えがあったのはティラノサウルスの前脚のグリルだ。一見、チキンレッグのようだが、脚の先から伸びた2本の鋭い爪ががっちりと鉄板を掴んでいた。地鶏に似た野生的な味と弾力で、パリッと焼けた皮もおいしかった。

にわとりの手羽（拡大印刷）

ティラノサウルスの前脚（縮小印刷）

鳥と恐竜の骨格を比較できるグリルセットもある。

メニューには詳しい説明書きがあった。すべての古生物は、3Dフードプリンターで印刷されたものらしい。古生物のDNAデータから細胞を作り、培養して食用にする試みは行われていたが、風味や食感などでも課題があり、一般には売り出されていないそうだ。今回のメニュー開発では、おいしさに重点が置かれたそうで、既存の食材のデータを活用したり、おいしくない成分を除去する工夫がされていた。食べやすさに関しても、たとえばティラノサウルスの前脚はサイズを縮小し、筋っぽい部分や血管のないものを合成したらしい。食べるのに夢中だったが、確かに骨は肉からするっと外れた。多くの人が訪れる博物館では、より食べやすく、おいしく食べられる料理は大切だろう。

ステーキ皿に綺麗に残ったアンモナイトの殻とティラノサウルスの骨は、自分が発掘した化石のように思えて、記念に持ち帰った。

「生成AI×自動調理機械」によるメニュー開発

「シェフ・ワトソン」はシェフだったのか

2015年、IBMがAIサービスである「Watson（ワトソン）」の技術を活用し、「Chef Watson（シェフ・ワトソン）」を開発した。さまざまな食材の独創的で意外な組み合わせのレシピを提案してくれるという料理用アプリである。

シェフ・ワトソンは、膨大な量のレシピデータを取得し、分子レベルで食材の特徴や組み合わせの良し悪しを学習することで、調理方法や料理のスタイル、盛りつけ方などもパターン学習する。それにより、これまで人が考えもつかなかった新しい食材の組み合わせの料理が考案されるというものである。使い方は、料理に使いたい食材を入力したあと、リクエスト（たとえば、イタリア料理、あるいは、ほっとするような料理など）を絞り込むと、レシピが提案される。提案されたレシピには、各材料の分量や基本的な作り方まで記載されている。Watsonの人間のように情報を処理する「コグニティブ・テクノロジー」という技術が生かされたプロジェクトであった。

実際に、シェフ・ワトソンが提案したレシピを元にして、人が調理したレシピブックも出版された。シェフ・ワトソンはレシピ考案者であって、料理を実際に作るシェフではないため、調理をする際、どのように仕上げるかは人間が考える必要があった。料理という物理的なものを作るには、AIと人間とのコラボレーションが必要であった。

生成AIによる架空料理の提案

2022年は、「画像生成AI元年」ともいわれており、「生成AI（ジェネレーティブAI）」という革新的な技術に多くの人の関心が集まった。生成AIは、コンピュータが学習したデータを元に、新しいデータや情報をアウトプットする人工知能である。これまで人間が実施していた「考える」や「計画する」をAIが実行し、テキスト、画像、動画、音声などが生成される。特に画像生成AIは、主に完成形のイメージや雰囲気をテキストで与えるだけで、自動的にAIが画像を簡単かつ大量に

生成できるため、関連するサービスなどが一気に広がった。

　料理の世界においても、この生成AIによるレシピ作成などが盛んに行われている。私たち人間が日常的に話したり書いたりしている「自然言語処理」による、対話型料理レシピを提供するサービスも増えている。チャットボットに、レシピや調理時間、料理のコツなどに関する質問をすると、リアルタイムで答えてくれるというものである。

　また、画像生成AIで「架空の料理」画像を作成することも簡単にできるようになった。「プロンプトエンジニアリング」によって、画像を自分の理想に近づけることもよく行われている。プロンプトエンジニアリングは、AIから望ましい結果を得るために、指示や命令を設計、最適化するスキルのことで、「呪文」とも呼ばれている。さらに、そのAIによって生成された画像を参考にした料理を、実際に人の手で作ることも行われている。シェフ・ワトソンの発展版といったところである。

　また、生成AIとは異なるが、写真から３Dモデルを構築する「フォトグラメトリー」という手法も登場している。同じ原理で、AI生成の料理画像、アニメやゲームなどに出てくる料理、昔の絵画や壁画などの絵といった２Dデータから３D化した復元料理が作られるようになる可能性も考えられる。

AIがリアルな料理を形にするには

　現状、AIによって生み出されたレシピ文章や料理画像といったいわば「虚像の料理」を「実体の料理」にするには、人の力を借りるしかない。AIによる料理の具現化は、今は人間との協働によって行われているが、いずれAIと調理ロボットや３Dフードプリンターによってのみ行われ、人は全く介在しない料理のメニュー開発が行われることも考えられる。さらに、生成AIと自動調理機械を組み合わせて試行錯誤を繰り返せば、いくらでも新しい料理を現実の世界において誕生させることができる。

　しかし、どのような料理が好まれるかの判断や、おいしい料理の評価などは、最終的に機械ではなく人が行うであろう。作られる料理は、機械ではなく人が食べるからである。とはいえ、人類が膨大な時間をかけて築いてきた料理の蓄積ともいえる食文化が、今後、猛スピードで拡張していく未来が、この生成AIと自動調理機械のタッグには潜んでいる。

〔 レジェンドモードの機内食 〕

食べた日	APR 8, 2055
食べたもの	職人の寿司10貫
製品名	寿司下駄型プリンター SGT-055W
製造者	厨房機器マルザキ株式会社

取り扱いガイド
（使い方）

1. 寿司下駄側面の電源ボタンを押し、カートリッジをはめる。
2. 寿司の提供前に、職人投影レンズを起動する。
3. 投影された職人の案内に従って、寿司を選択する。
4. 寿司が印刷される。

取り扱いガイド
（性能）

職人の調理技能や、寿司を忠実に再現。
職人の案内機能（本日のメニューについて、寿司ネタの説明、職人の経歴、寿司についての想い、寿司の歴史、日本各地の観光スポットなど）
多言語対応
寿司は基本のネタ8〜12貫コースから選択可能。
（おまかせコースをご注文の場合は、上位モデルSGT-055SPXをお求めください。）

気づいたこと

○ この航空会社の国内線、国際線、宇宙線の機内食は、すべて3Dフードプリンターで提供されており、それぞれの路線ごとに特色があるようだ。

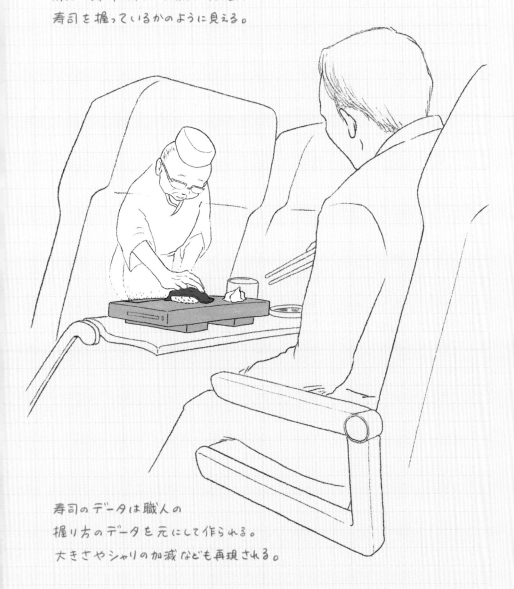

航空機内にて。斜め前の席の男性が寿司下駄型のプリンターで
印刷される寿司を食べている。寿司下駄の上には、
有名な寿司職人の映像が映し出され、
寿司を握っているかのように見える。

寿司のデータは職人の
握り方のデータを元にして作られる。
大きさやシャリの加減なども再現される。

6-2 DIARY

THU,
4/8
2055

大将の　技を見ながら　食べる寿司

国外での仕事が終わり、やっと帰ることができる。数時間前、帰りの便に乗り込み、ほっとした。現地まで行くことはまれで、ほとんどは遠隔で業務を行っているが、実物に触れてみないとわからない場合もあり、たまに海外出張に行くことになる。移動にかかる時間は何十年経ってもあまり変わらない。航空機が突然速くなることはないようだ。狭い機内で漫然と時間を過ごす。早く自分の布団で眠りたい……。

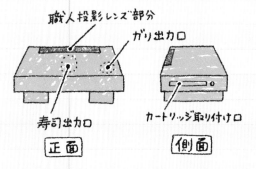

寿司ゲタ型3Dフードプリンターの図

ぼーっとしていたら、結局寝てしまったようだ。ふと目をあげると、通路を挟んで一つ前の席の男性が、寿司下駄型の3Dフードプリンターから印刷された寿司を食べていた。男性の対面では、世界的にも知られている、あの寿司職人の映像が動いていた。寿司下駄に内蔵のレンズから映し出されている。寿司が印刷されるのに合わせて職人も動くので、まるで映像の職人が握った寿司が、目の前の寿司下駄の上に置かれたように見える。寿司を寿司下駄から取ると、しばらくしてまた新しい寿司が握られる。センサーの性能が良いのか、きちんとタイミングよく寿司が出てくるから不思議だ。準備や片づけが簡単で、収納場所を取らない3D

フードプリンターが機内食に活用されたことで、機内で食べられる料理の種類が増えた。この航空会社では、有名な料理人たちの料理が味わえる。

　現存する有名な料理人の中には、本人の調理技術や、本人が作った料理そのものが解析され、３Dフードプリンターで再現を試みられている人がいる。過去の伝説的な料理人の場合は、生前の映像などから動作データが集められ、調理ロボットに動きを再現させて料理を作るということも行われている。その人の料理や調理法を知的財産として保管すること以外にも、「2000年代スターシェフのフードコート」があったり、今回のように機内食で提供されたりと、いろいろなところで応用されているのを目にする。

イタリアン　　中華　　フレンチ　　創作料理

有名料理人たちのいろいろな料理に対応した3Dフードプリンターがある。

　自分も日本への帰国便では、無性に寿司が食べたくなる。これを書き終えたら、早速、寿司職人の機内食を頼もう。エンタメ性のある食事は、長いフライトをただ座って過ごす者にとって嬉しい時間だ。寿司をつまみながら、職人の音声ガイダンスが紹介してくれる寿司への想いや歴史、観光スポットを聞いて過ごそう。

6-2 TOPICS

テクノロジーが進化した未来で料理を作ること

調理家電のコンシェルジュ化

家庭のキッチンにある、冷蔵庫、オーブン、電子レンジといった調理家電、フライパン、鍋といったあらゆる調理器具が、インターネットとつながるIoT製品になり、「スマートキッチン」化に拍車がかかっている。携帯電話がスマートフォンになり、インターネットとの親和性が高い多機能製品になったことと同じような潮流である。

販売側にとっては、調理家電のIoT化は、一般の消費者の購入履歴、調理履歴などから膨大なデータを得ることができる利点がある。これまで、個々の家庭の調理データはアンケートなどが主で、ビッグデータとしての入手は困難であった。それが、スマートキッチン化によって、これまで詳しく見ることができなかった冷蔵庫の中身や調理操作などを"可視化"することが可能になった。また、それらのビッグデータを活用することで、調理の場だけでなく、フードシステムの川上である生産や流通の段階にも大きな変化がもたらされると予想される。

今後、個人の生活スタイルや健康のデータにしたがって、食材購入、調理方法、食べ方などの食生活全体をその人専用の仕様にする「個別化」が、さまざまな食の現場で一段と加速すると思われる。さらに対話型AIの発展により、調理家電のデータからネットワークを介して欲しい食材を欲しいタイミングで得たり、よりおいしい料理を作るために調理家電からアドバイスを受けたりと、"調理家電とコミュニケーションがとれている"感覚が今よりも日常的になるかもしれない。

半機械半人間が調理するキッチン

英国モーレイ・ロボティクス社が発売した世界初の自動調理ロボットは、キッチンの上に左右に動く2本のロボットアームを持っている。この"手"を使って、鍋や材料を取り出し、切る、混ぜるのほか、蛇口をひねる、材料を注ぐ、皿に盛りつけるなどの作業ができる。人が調理するときは、ロボットアームはキッチンの片側にしまうこともできる。

これからの調理機器は、切る、焼く、煮

るなどの過程に応じて全自動モード、手動モードが選択でき、より面倒な調理操作を引き受けてくれるようになるであろう。さらに、話題の店のメニューやシェフの技もデータ化され、それを家庭でダウンロード購入し、再現できるようになるかもしれない。今日の夕食は、「あの時代のあの国のあのシェフのメニュー」という選択をして、調理してもらうといったようなことも全くの夢物語ではないだろう。

また一方で、スマートキッチン化がどんなに進んでも、"サポートガイド"を「オフ」にして、自分の手で料理を作ることを楽しむ人はいなくならないであろう。現在、趣味で衣服を作る人がいるように、調理も徐々に裁縫のように、楽しむための趣味的要素が濃くなっていくと考えられる。

未来のレストランで、人が作る意義

家のキッチンではなく、レストランのキッチンは、どうなっていくのか。将来、シェフが手を動かして作業する割合は、徐々に減っていくのは間違いないだろう。その代わりとして、事前に加工処理が施された食材や、調理機器や調理ロボットがレストランで果たす役割は、ますます増えていく傾向に変わりはない。現在、外食産業などで取り入れられているセントラルキッチン化がさらに進み、人が関わる操作は、極端にいえば、最後のチェックのみになり、さらには、調理だけでなく機器やロボットの設定・メンテナンスまで含めて、すべて全自動で行う「レストランの完全無人化」の未来が訪れるかもしれない。

ロボットは、人にとって汚くて危険で退屈な仕事も難なくやってくれるありがたい存在である。しかし、ロボットを導入することで、人間が学習する機会や他の人たちと交わる機会が減り、やりがいが失われてしまうのではないかという指摘は各所でなされている。

未来のレストランでは、「食材を集め、人が料理を一から作ること」自体に、現在にも増して価値が出てくるのではないかと思われる。それは洗練されたメニューを要求されるファインダイニングの世界でより顕著になるであろう。また、客にとっては、何を食べるかという「料理のタイトル」よりも、誰が作っているのか、またはどのように作っているのかという「料理のストーリー」を味わう傾向がさらに増していくものと思われる。

6-3 DIARY

〖 あなたの「My御膳」 〗

食べた日	OCT 8, 2055
食べたもの	フードメモリー「My御膳」
内訳	自分の過去の食事データ（2005年〜2025年指定）から作られたメニュー
製造者	タイム・データ・テクノロジー株式会社（TDT Co., Ltd.）
店名	TDTビル1階「Food Memory Library」
営業時間	予約時に要確認
その他のサービス	慶事用My御膳「門出に寄せて」 弔事用My御膳「面影を偲ぶ」 1年、5年、10年定期配食「食文庫」 偉人の御膳 　（スポーツ選手、将棋士など、データを公開している人物）
気づいたこと	○ 自分の食の履歴年表がもらえる。 ○ 各料理を食べた日付やエピソードについて教えてもらえる。 ○ データの記録は、生誕時にライブラリー登録をする方法や、これまでの色々な記録データを同期する方法などがある。 ○ 他人の食データの使用については、プライバシー許諾申請が必要。 ○ データが貯まると通知が来る定期配食サービスもある。

【あなたの「My御膳」】

AD 2055

個人がこれまでに食べてきた食のデータベースから
重要な料理が抽出され、御膳の形で提供される。
他人の「My御膳」を食べると、
その人のことを より知れた
ような気がしてくる。

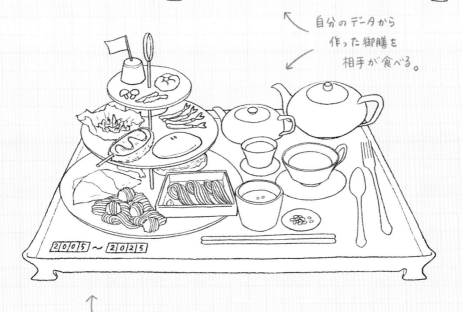

自分のデータから
作った御膳を
相手が食べる。

御膳のメニューに使われるデータの年代は、
個人の誕生時から現在までの期間の内で、自由に指定できる。

データやAIを活用することができる

6 - 3 DIARY

お互いの　大事なごはんを　知れて良かった

　私は記録魔なところがあり、食べた料理についても昔から記録する癖があった。書くことが好きなので、自分でメモすることは今でも続けているが、自動で食事を記録する機器類が登場してからは、本人が何を食べてきたか知っている人が増えた。私より若い世代の中には、産まれたときから食べてきたものすべての記録データを持っている人もいる。初めての離乳食、運動会の日の朝ごはん、修学旅行の昼食、遠くまで出かけた帰りの夕食など、履歴を追うことができる。普段の食事がすべて記録されているので、よく食べていたものは一目瞭然だ。好きな食べもの、嫌いな食べものであれば自覚はできるが、むしろ本人よりもデータベースの方が、その人の身体を作ってきたものを知っているかもしれない。

　数年前に、ある会社が『My御膳』というサービスを始めた。個人がこれまでに食べたもののデータベースを使い、まとまった食事メニューを設計して３Dフードプリンターで料理を作

【あなたの「My御膳」】

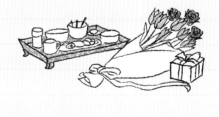

故人を偲ぶ席や、子どもの成長を祝う会食などでもふるまわれる。

り、お膳に乗せた形式で提供するというものだ。単に自分の食べてきたものを振り返る食事なのかと思っていたが、利用が最も多いのは、故人の思い出を皆で分け合うために、別れの式の席でふるまわれるケースらしい。また高齢者の中には、これを人生最期の食事に考えている人もいるそうだ。

今日、このMy御膳を二人だけで食べに行ってきた。お互いのMy御膳を交換して食べてみようということになったのだ。深くつき合うようになってからは、お互いの食べているものはだいたいわかり合えている。好き嫌いももちろんわかる。だから、期間を出会う前までに設定して、御膳を印刷してもらった。

クリームソーダ

卵かけごはん

さんまの刺身

メニューにまとまりがないところも「My御膳」の面白さだ。

自分のMy御膳を見ると、大部分は見覚えがあるものだった。中には大好きな卵かけご飯も、絶対に食べたくない椎茸もある。いつ食べたのかわからないものもあった。記憶に残っているかいないかは関係なく、人生の転機になるようなことを経験したときに食べたものも印刷されるらしい。全体的に全くまとまりがないところが面白かった。私が食べた「相手のMy御膳」は、初めて見るものがあったり、実家で一度ごちそうになった料理があったりと、新鮮な驚きに溢れていた。お茶に凝っていたことや、そのきっかけなど、本人も久しぶりに思い出したエピソードもあった。料理を食べ合いながら、お互いへの想いが、一層深まった気がした。

人生のアルバム、最終ページの食事

「人生最後の食事」の解像度

ウェブサイトなどで「人生の最後に何を食べたいか」といったアンケートを目にすることがある。そのランキングには、卵かけご飯、味噌汁、寿司といった料理が挙げられ、選んだ「理由」も書かれている。家庭の味だから、思い出の料理だから、大好物の品だから、など。

生まれてきて、死ななかった人は一人もいないのにもかかわらず、私たちは死ぬことに対してどこか"他人ごと"である。アンケートで答えられる「人生最後の食事」は、どこか夢の中のような現実味がないもののように感じる。最後の食の先にある死に関して考えたくもないのが普通の人の正直な気持ちであるだろうから、リアリティが薄いのはいわば当然である。

いつ死ぬかわからないが、生きているうちは、たいてい何かしら飲食して、生きていくほかない。その延長上にある人生最後の食事を幸運にも選べるとしたら、どんなメニューにするのか。それまで食べてきたいつもの食事なのか、それとも何か特別な食事なのか。食事の内容よりも、どこで誰と食べたものなのかというストーリーの方がはるかに重要であるかもしれない。「最後の晩餐」には、その人の個人的な思い出が濃縮されているような気がする。

死刑囚が死刑執行の日に依頼するメニュー

2017年、「死刑囚の最後の食事」を再現した写真シリーズが発表され、大きな反響をよんだ。ニュージーランド出身の写真家であるヘンリー・ハーグリーブスによるもので、「No Seconds（ノー・セコンド）」という作品名がつけられている。

きっかけは、2011年、米国のテキサス州が死刑囚への最後の食事プログラムを廃止したことが大きく報道されたことによる。テキサス州では、これまで死刑囚が死刑執行の日に「本人が望むメニュー」を出すことを伝統としてきた。これに関心を抱いたハーグリーブスは、死刑執行前に死刑囚らが口にする最後の食事を再現するプロジェクトを始めた。

彼が「最も不自然な瞬間」と呼ぶこの最後の食事において、ほとんどの死刑囚たちは、フライドチキンやトーストといったこれまで自分がよく食べてきたであろう食事を依頼する。しかし、中には1リットルのチョコミントアイスクリームや、ピンに刺さった1個のオリーブのみ、また何も頼まない死刑囚もいる。

死刑囚が最後に頼んだメニューの数々を見ると、そこに何か深い意味があるのかないのかはわからないが、彼らが要求した食事が彼らのことを語っているように見える。

末期がん患者の「リクエスト食」

末期がんの患者に週に1度、希望する食事を提供する「リクエスト食」という取り組みがある。大阪の淀川キリスト教ホスピス・こどもホスピス病院が行っているもので、その食をリクエストした末期がん患者14名と、彼らを支える家族、医師、管理栄養士などのスタッフを取材した、青山ゆみこによる『人生最期のご馳走』という書籍がある。人生を終えるかもしれないという時間を過ごす際に選択した食に、その人の生きた証が示されていることが綴られた本である。

管理栄養士が金曜日の昼時に病棟を訪ね、患者に今食べたいものについて聞く。

食べたいメニューが溢れ出す人もいれば、なかなか具体的に思い浮かばない人もいる。一人ひとり症状も体調も異なり、また食への思い入れもそれぞれ違う。苦痛緩和のためのケアを目的としたホスピスに来るまで、病院で抗がん剤治療を受けていた人がほとんどであるため、食事制限があったり、薬の副作用などで食欲が落ちて、食べたくても食べられない場合も多い。

本の取材の中では、リクエスト食のメニューを選んだ「理由」が聞かれる。料理のことだけでなく、食にまつわるエピソードが患者自身から語られる。故郷の海を思い出す寿司、作り手の心のこもったコーンポタージュ、大好きなうどんと思い出のパイナップル、家族で囲んだすき焼きなど。そこから見えてくるのは、それまでその人が過ごしてきた日常の情景のワンシーンである。さらにそこには、本人だけでなく、食を共にしていた「誰か」が含まれることが多い。

人は食べないと生きていけない。これまで食べてきた食事には、自分が思っている以上にさまざまな日々の記録が蓄積されている。自身が積み重ねてきた人生の「食事アルバム」は、ただ最終ページを想い描くだけでなく、定期的にこれまでの情景を見返すことが重要なのかもしれない。

CHAPTER **7**

個人に最適化 することが できる

個 人 に 最 適 化 す る こ と が で き る

〖 登 山 遠 足 の ア イ ス 〗

生 体 と 地 形 の デ ー タ を 即 座 に 反 映

山の上で冷たいアイスを食べて疲れを癒せる
超小型、冷凍機能つき３Ｄフードプリンター。
登山中の地形データを読み取り、山の形のアイ
スを出力できる。プリンターについているセン
サーに触れると、瞬時に身体のデータが読み
取られ、そのときに必要な栄養素をアイスに配
合することもできる。写真は、マッターホルン
（上）と富士山（右）のアイスが出力されたとこ
ろ。雪部分がバニラ味、土部分がチョコレート
味である。

①昔からあるアイスのコーンを模したプリンターの部品は、上部と下部に分かれており、上部が超小型３Dフードプリンター、下部が原材料の入ったカートリッジである。カートリッジはつけ替え式で、さまざまなフレーバーのものが売られている。

②プリンターとカートリッジをしっかり密着させて回転させると、カチッという音とともに接続され、コーンの形になる（外すときは逆回し）。

③プリンター側面の生体情報認識センサーに指で触れることで、データが読み取られ、身体に必要な栄養素が即座にアイスの成分に足される。

④コーンを握っていると、アイスが山の形に出力されてくる。アイスは山型以外にも、いろいろな形に印刷できる。

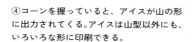

個 人 に 最 適 化 す る こ と が で き る

CHAPTER 7 : INTRODUCTION

真に求められる 「テーラーメイド食」

　個々人の血液検査、遺伝子のタイプ、腸内細菌などを簡便な検査キットで知ることが可能になったことで、その人に合った「個別化（テーラーメイド化）」の食が注目を集めるようになってきた。近年、個別化食を作る手段として、３Ｄフードプリンターが有効と考えられている。３Ｄフードプリンターによって自分に最適化した食を作る未来を考える。

　人の遺伝子にはわずかな個人差があり、その遺伝子変異は「遺伝子多型」と呼ばれている。個別化は医療分野から始まり、その流れが栄養分野にも波及し、新しい栄養指導法として個々人の体質や遺伝子多型に合った「個別化栄養学」が実用化されている。薬だけでなく食品成分の身体への影響の程度も、人によって違うことが次第に明らかになっている。個人の遺伝子多型によって、栄養素の消化、吸収、代謝、利用などに個人差があり、それが病気のなりやすさや肥満などと関係している。

　血液、遺伝子、腸内細菌検査、生体情報取得のキットやデバイスなどが登場し、健康意識が高い人、持病を有する人などの一定層において、疾病予防や健康増進を目的とした個別化食のニーズは高まっていると予想される。今後、さらに自分の健康情報が簡単に取得できるようになれば、個別化食の積極的な購入層が増え、より一般化すると考えられる。

　個別化食が必要とされる分野は、えん下困難の高齢者向けのおいしい食、食物アレルギー患者向けのバリエーション食といった社会的に重要な食などである。個別化食は社会課題解決の目的から展開し、次第に食品メーカーやレストランにおける健康やおいしさ、新しさに対応した個別化食への提供になると予想される。さらに個人の体質、体調、嗜好、利便性を満た

す食、自宅で作る個別化食へと移っていくだろう。

　人の手で個々人にカスタマイズした食べものを作ることは容易ではない。個別化食を実際に作る上でカギとなるのが、３Dフードプリンターである。マス向けの大量生産品から一人ひとりに合わせた食を作る手段として、３Dフードプリンターへの期待が高まっている。

　実際、介護食の現場などでは、個人の栄養状態や嚥下機能によって食べられるものがそれぞれ違うため、食べる人個人に合った食事が求められているが、技術的な点や人手不足などもあり個別化された食事を提供することは極めて難しい。そのため、３Dフードプリンターという新しい食の提供方法がその障壁を取り除く可能性がある。

　食べているものを過去から思い返してみると、その種類は時代と共に増えているような感覚が多くの人にあるのではないだろうか。選択肢が多くなり、個人の好みや価値観も多様化しているように見える。先進国においては、多くの選択肢の中から自分の好みの食べものをチョイスできるという点で、多様性を有する個別化食は現在でもある程度実現しているといえる。しかし、未来の個別化食は、作る段階から食べる個人のことを考えている点が大きく異なる。外からのお仕着せの食でなく、その人が本当に求めているもの、その人の身体に必要なものをゼロベースで考えた食である。そして、その実現は３Dフードプリンターにかかっているといえる。

KEYWORDS: 個別化（テーラーメイド化）　個別化栄養　精密栄養　介護食　おいしさ　健康　肥満

〖 登山遠足のアイス 〗

食べた日	SEP 25, 2055
食べたもの	自分が登った山型のアイス
製品名	携帯アイスクリームメーカー「Nice Mountain NM-100B」
製造者	Mountain Ice Corporation
仕様	プリンター（コーン上部）：フードプリンティング機能、冷却機能、生体データ読み取り機能 カートリッジ（コーン下部）：アイスミックス
カートリッジの種類	バニラ味、チョコレート味、ミックス味など
取り扱いガイド（注意書き）	専用のカートリッジ以外は使わないでください。プリンターが破損するおそれがあります。連続運転時間は30分を目安にお使いください。お手入れ方法：アイスの出力面は、目詰まりを防ぐため、専用のブラシで軽くブラッシングしてください。
気づいたこと	○カートリッジは、コンビニエンスストアなどで別途購入できる。 ○アイスは空気を多く含み、なめらかな口あたりのものができる。 ○カートリッジ容量の2〜3倍量のアイスが作れる。 ○カートリッジは回収され、再利用される。

コーン型のプリンターから、マッターホルンのアイスが
プリントされたところ。山の稜線も忠実に再現される。
GPS機能で、自分が登山中の山を印刷することができる。

富士山のアイスを印刷中。
上部に指で触れると
印刷が開始される仕組み。

コーン上部にはプリンター機能のほか、
身体の健康状態を読み取るセンサーが
内蔵されているので、アイスの成分には
そのときの身体に必要な
栄養素も含まれる。

個 人 に 最 適 化 す る こ と が で き る

7-1 DIARY

SAT,
9/25
2055

アイス食べ　至福のひととき　登山道

　以前から行きたかった山に登ってきた。快晴で気温が高く、登りの途中でバテそうになった。しかし、冷たいアイスクリームを食べて、疲れを癒やすことができた。自然の気持ちよさも相まって至福のひとときを味わえた。山の中でアイスを食べることができたのは、冷凍機能がついた３Dフードプリンターの登山用アイスメーカーを携帯して行ったからだ。手のひらに収まるほどの小さなサイズだが、元は宇宙など過酷な極地環境用に開発され、一般向けに改良された機器なので、革新的で高性能である。

３Dフードプリンター　カートリッジ

プリンタとカートリッジは質感が同じ。
組み合わせると一体感が出る。

　このアイスメーカーは、昔からよく知られているアイスクリームのコーンの形状をしている。コーン型の機器を手で握ると、印刷されたアイスがコーンの上に盛り上がって出てくるという仕組みだ。コーンは上部と下部に分けられる。上部が小型の３Dフードプリンター、下部がアイスクリームミックスのカートリッジになっている。印刷するときは、この上下二つを組み合わせて使う。

　今回、このアイスメーカーで試したかったのは、登山中の山の地形データを読み取り、その山の形状にアイスを出力できる機能だ。山型のアイスを食べていると、段々と「この山を制

【登山遠足のアイス】　AD 2055

1 プリンター取りつけ　2 コーンを握る　3 できあがり　応用　上下　回す　その他の形

アイスの出力方法と、その応用

覇するぞ」という気力が湧き上がった。この機器を持っていると、高い山や特徴的な形の山に登りたくなる。近年では、登山ギアの性能も発達し、電動アシスト登山靴や体温保持ウェアなどで高山に行き、アイスを食べることもできるようだ。

　さらにこの機器には、最大のポイントと言える機能がある。それは、現在の自分に足りない栄養素を補給してくれるというものだ。コーン上部には、生体データを取得するセンサーがついており、指で触れると身体の状態が読み取られる。そして、印刷されるアイスの中に、そのときの身体に必要な栄養素などが添加される。同じ山に登っていても、体力や疲労の状態は人それぞれなので、個別に最適化された栄養素を補給できることは大切だ。子どもたちが学校などで使う水筒にも、同様の生体情報認識と栄養補給の機能がついたものが売られている。

　昔は登山をすると、下山の頃には終了後のご褒美のアイスのことで頭が一杯になっていた。今では、山の中をじっくり楽しむ余裕ができ、疲れが溜まってきたときにも心強い食べものを持っている安心感がある。ただし、ひたすら辛い後の爽快感と、苦しい途中で味わえる心地よさは、甲乙つけがたいものではある。

7-1 TOPICS

「あなたに合った食事」を提供するための精密栄養学

栄養学の変遷

西洋近代医学の概念を確立したのは古代ギリシアの医師ヒポクラテスであるが、その著書『古い医術について』には、こういうものを食べたら病気になる、病気のときにはこういうものを食べてはいけないなど、健康作りのための食事や食事療法が書かれている。一方東洋では、中国の『周礼』という周の時代の医師制度を示した書物がある。当時、医師は疾医（今でいう内科医）、瘍医（今でいう外科医）、獣医、そして食医の4種類に分かれていた。現代の分野にはない「食医」は、国民に食べたほうが良い農作物などを提言していた。食医は皇帝の健康管理も行っており、現場の医師の中では、最も権限を握っていたといわれている。このように東西の区別なく、食と栄養や健康とのつながりは、強く意識されてきた。

一方、科学としての「栄養学」の歴史は、あまり古くはない。18世紀後半、空気中の酸素を発見したといわれているフランスのラボアジエが、食と人間のエネルギー代謝の概念を構築したのが、現代の栄養学の出発点である。その後、「人間が食からエネルギーを得ているとしたら、その源は何か」という研究がドイツで始まり、糖質、脂質、たんぱく質といった三大栄養素の発見、さらにビタミン、ミネラルといった栄養素の発見が加わり、五大栄養素となった。

トクホが効く人、効かない人

近年まで、食には「栄養特性」と「嗜好特性」の二つの特性があるとされてきた。栄養特性とは、食品中の三大栄養素がエネルギー源になることや、身体の構成成分として利用されることである。嗜好特性は、食べた人が楽しむおいしさの性質のことで、食品中の色素成分、味成分、香り成分、食感に関わる成分が、それぞれ視覚、味覚、嗅覚、触覚などのヒトの感覚に作用することである。

また、「医食同源」や「薬食同源」という言葉からもわかるように、食も薬も元々同じような素材からできており、「疾病予防や健康維持に関わるはたらきが、食品にも存在する」という考え方が世界中で

伝承されてきた。食品素材から活性成分を単離して、医薬品として利用することも盛んに行われてきた。

先進国を中心に、栄養"不足"から栄養"過剰"へと移り変わってきた時代背景もあり、多くの人が、よりおいしく、より健康である食べものを希望し、食に高度な機能を求めるようになった。健康維持・増進を目指した食品機能の研究が盛んに行われた結果、国内では、気になる健康状態に応じて科学的根拠に基づく食品を「特定保健用食品（トクホ）」や「機能性表示食品」として摂ることができるようになった。その一方で、それらの健康機能を有するとされる食品を摂っても、効果を実感できる人とそうでない人がおり、この個人差を生むメカニズムやそこへの対応が次第に注目されるようになった。

「精密栄養学」による
あなたに最適化された食事

栄養素や食品成分の個人差を考慮し、一人ひとりに最適な栄養指導を行うことに関する学問は、「個別化栄養学」もしくは「精密栄養学」と呼ばれている。米国のNIH（国立衛生研究所）では、2020年から10年間の戦略として「Nutrition for Precision Health（精密健康のための栄養学）」を掲げており、個別化された栄養指導による健康への貢献が世界的に期待されている。

個人の遺伝的背景、腸内細菌叢（腸内フローラ）、生活習慣、ライフステージなどによって、その人への健康維持、疾患、老化などにおける食品成分の役割がどのように変わるのか、ヒトの膨大なビッグデータ解析などから、基礎研究によるメカニズム解明が行われている。さらに、精密栄養の社会実装として、「個別化した精密料理」を提供するためのシステムも求められている。その役割として期待されているのが、AIを用いたデータ駆動型の栄養指導であり、実際に個別化した食事を作る3Dフードプリンターである。

現在では、大衆向けに作られたテレビ番組よりも、個人ごとの興味に合致した動画共有サイトを好んで見ることや、マス向けの広告よりも、ウェブサイトの履歴等からその人の趣向や関心事にあったターゲティング広告などが提示されることが当たり前となった。同様のパラダイムシフトが、精密栄養学の発展により、日々食べる料理にも起こるのではないかと考えられる。

7-2 DIARY

〚 "手作り！" の料理 〛

食べた日	APR 1, 2055
食べたもの	卵焼き
製品名	万能調理ロボット「The Chef Arms Home」
製造者	アームロボティクスホールディングス

取り扱いガイド
（注意書き）

アームは、各種の調理道具やキッチン設備を
操作することが可能（例：包丁、泡立て器、フライパン、
熱源スイッチなど）。
さまざまなメニューに対応した調理が可能。
食器・台所洗浄機能つき。
リアルタイム同期モード：遠隔地の調理動作を
モニタリングし、動作をシンクロさせながら
料理を作る。
調理読み取りモード：人の調理動作をあらかじめ
記録し、動きを再現しながら調理する
（上位機種に搭載）。
共創モード：ロボットと分担して料理を作ることが
できる（例：盛りつけはオーナー分担、など）。

気づいたこと

○ 各種センサー機能により、安全性に配慮されている。
○ 3Dフードプリンターで印刷した食材を使用できる。
○ ある程度、設置場所が必要なので、
　一般家庭にはまだそれほど普及していない。
○ 業務用の「The Chef Arms Pro」は厨房で
　使われている。

【 "手作り！" の料理 】

AD 2055

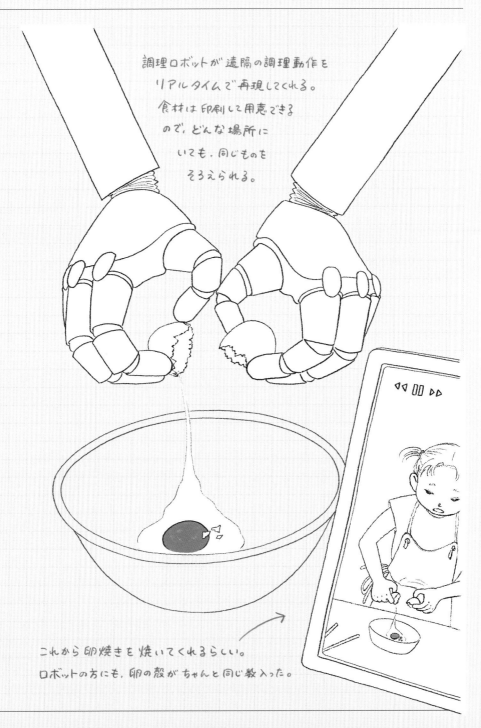

調理ロボットが遠隔の調理動作を
リアルタイムで再現してくれる。
食材は印刷して用意できる
ので、どんな場所に
いても、同じものを
そろえられる。

これから卵焼きを焼いてくれるらしい。
ロボットの方にも、卵の殻がちゃんと同じ数入った。

個 人 に 最 適 化 す る こ と が で き る

遠くから　想ってくれたの　わかった日

長期出張で海外にしばらく滞在している。あと１週間ほどで帰国する予定だが、自分の誕生日には間に合わなかった。今日から50歳、ちょうど１世紀の２分の１でキリが良い。今回の出張も短期の貸物件に仮住まいしている。そこは最新式の家電が備えつけで、家事がとても楽だ。特に、キッチンの天井から２本伸びている「調理ロボット」は、毎日のように使っている。メニューをプログラムに入力するだけで、いろいろな料理をうまく作ってくれるだけではなく、ロボットのアームは人の手のように器用に動くので、流れるような調理動作を見ていると自分も参考にできそうだ。この滞在中、食生活で困ったことは何もない。食材は３Ｄフードプリンターで印刷できるため、この地域の料理を味わえるだけでなく、普段、自分が食べ慣れている料理の食材も簡単にそろえることができた。

調理ロボットは、一般的な調理器具を使う。

それでも、今日はここにいるのが寂しい気がして、調理ロボットの前で夕食のメニューを決めかねていると、小学生の娘から映像通話の知らせが来た。画面におでこがぶつかるような勢いで、「誕生日、おめでとう！」と言う顔が見え、嬉しくて変な表情になってしまった。むこうの画面に映る私は、失敗した福笑いのような顔をしていただろう。時差があるので、日本はま

だ昼間の時間帯だった。誕生日のお祝いに手作りの料理を振る舞ってくれると言う。急いで調理ロボットを「リアルタイム同期モード」に設定した。以前、通話でこの機能の話をしたとき、試しに使ってみたいと言っていたが、まさか今日とは思ってもみなかった。

　最新式の調理ロボットには、人の調理動作をあらかじめ記録し、動きを再現しながら調理する機能や、人の動作をモニタリングし、リアルタイムに同じ動きで調理する機能がある。この機能と３Dフードプリンターがあることで、遠く離れた場所でも、同じ料理ができるというわけだ。各種のセンサーの精度によっては、細かい動きも正確に再現できる。

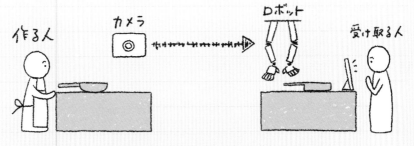

カメラとロボットの通信で、調理動作のデータが読み取られる。

　娘は、覚えたての卵焼きを作ってくれた。画面越しの娘の動きと同じように調理ロボットが卵を割り、同じように小さな殻が３つ入った。ガシャガシャと卵を溶き、黄身と白身が混ざりきっていない卵液を焼いてくれた。「練習したときより、うまくできなかった」と娘は悔しがっていたが、平たくて焼き締められた卵焼きがとてもうれしく、誕生日のごちそうだと思った。

機械は感動するほどの
おいしい料理を作れるか

おいしさを肯定した
ブリア＝サヴァラン

　食は、ヒトの生命維持に不可欠であることから、「食の欲求」は、本能的なものとみなされてきた。それは動物にも共通しているが、人間の食の欲求には、文化的、精神的な面が関わっているのが特徴である。しかし、西洋などにおいて、キリスト教の強い影響下にあった時代は、食欲は性欲と同じように罪の観念と結びつけられ、食への欲求は軽視されていた。それを大きく変えたのが、フランスのジャン・アンテルム・ブリア＝サヴァランであった。ブリア＝サヴァランの『美味礼賛』は、食の領域で美の世界を創造しようとする「ガストロノミー（美食学）」の思想が最初に示された本であった。

　人の「食べることの快楽」には、生理的な空腹の解消だけではなく、食べることによって得られる文化的、精神的な高次の欲求が充足される満足もある。そのため、人間の食の欲求には、その文化的、精神的な側面への願望が含まれる。おいしさへの欲求は、芸術における美の体験と同じように、人間の感性に訴えるものとして考えられるようになった。

　そのおいしいものを食べたいという欲求が、人間を創造へ駆り立て、食を美や芸術の世界に結びつける文化を作り上げてきた。それを支えていたのが、ブリア＝サヴァランのガストロノミー思想であり、最初にその思想が一般へと広まったのが、19世紀のフランスであった。

　フランスを始めとする近代ヨーロッパのガストロノミーの思想は、現代の美食文化の理論基盤を形成した。ガストロノミー思想はまず、おいしさが持つ本能的な意味を踏まえ、食べることの快楽を肯定することであった。その上で、そのおいしさの持つ精神的な意味を理解し、調理技術や芸術的なおいしさの価値や役割を評価し、さらに新たなおいしさを創造していくものであった。それは、食の領域における美の創造として、芸術の世界に「食の美学」を打ち立てるものでもあった。

　このガストロノミーの考え方は、現代の私たちの中にも受け継がれている考えである。ブリア＝サヴァランのガストロノミーの思想は、ある意味、宗教に変わ

る思想となり、科学・技術、そして文化というレベルに到達したといえる。

「感動する料理」とは何か

20世紀以降、料理のおいしさを科学の面から研究することは大きく発展した。研究者が料理人と協力し、科学的視点から興味深い事実を発見することも増えた。しかし、科学によっておいしさの一部は証明できるが、科学だけでおいしさのすべてが説明できるわけではない。「あの人が作る料理はなぜおいしいのか」ということを多面的に解明しなければ、おいしさの全貌を理解したことにはならないだろう。

絵画や音楽などで感動するように、料理でも感動が引き起こされる。たとえば、自分の大切な人が、自分のために作ってくれた料理や、料理人の培った技が詰まる料理には少なからず胸が熱くなる要素があるであろう。このような感動はどこからやってくるのであろうか。

現代の芸術哲学の代表者であるスーザン・クナウト・ランガーは、著書『芸術とは何か』の中で、「芸術」について「あらゆる芸術は、人間感情を表現する、知覚可能な形式の創作である」という定義を提案している。芸術作品に感動するのは、作品から感じる"芸術家の感情"を読み取

っているということであろう。

料理で感動するのは、その料理の味や香り、テクスチャーといった科学的に測定できるおいしさによる面もあるが、それに加えて、料理の作り手たちの想いに対する感動も、おいしさの重要な要因であることは、多くの人が納得できることであろう。

調理ロボットや３Ｄフードプリンターによって、見たこともない斬新な料理や、懐かしい思い出を刺激するような料理は、簡単に作り出せるかもしれない。しかし、機械であろうと、人間であろうとその作り手の背景にある"感情のひだ"を、食べる人が感じられなければ、真の感動を惹起させることは難しいのではないかと思われる。

将来、調理ロボットや３Ｄフードプリンターによって作られた料理が、時短、簡単、便利だけを売りにしたものであれば、限定的な場所でしか生き残れないかもしれない。しかし、食べる人の感情に訴え、その個人の人間性に寄り添うような**機械の料理**であれば、人の料理と同じように感動を生み出すのではないだろうか。

〔 お弁当メンター 〕

食べた日	MAR 17, 2055
食べたもの	昼ごはん
製品名	メンター弁当箱（曲げわっぱ）
製造者	ANATANO株式会社

取り扱いガイド
（注意書き）

「メンター弁当箱」でできること
・あなたのためにお弁当を作ります。
・あなたの身体に合った栄養価のメニューを
　選びます。
・健康のアドバイスをします。
・あなたの心を支えます。

気づいたこと

○ カートリッジは、栄養素ごとに分かれていて、
　五大栄養素と各種の機能性成分を補充できる
　ようになっている。
○ メンターとの会話時間や方法は選択できる。
　それによって、印刷される弁当の精度が変わる。
○ メンターとの面談機能のみ、
　使用することもできる。
○ 依存し過ぎると自分で考えなくなるおそれが
　あるので注意したい。
○ 栄養価はあくまでも目安として捉えた方が
　良いようだ。
○ 健康管理レシピを運営する会社が企画した商品。

弁当箱の上には、メンターが映し出される。
体調や気分を伝えると、メンターからのアドバイスがあり、
健康状態に合わせたメニューが弁当箱内に印刷される。

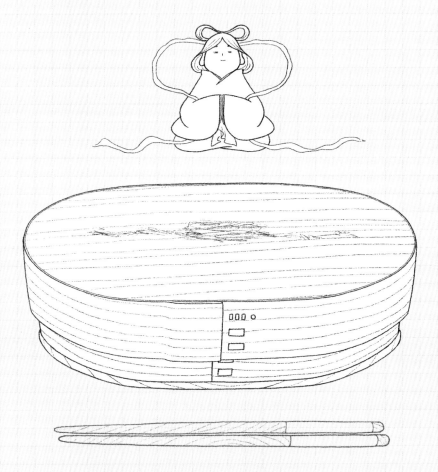

弁当箱のフタにはセンサーがあり、
指で触れると生体情報が読み取られる。
弁当箱の底部分にはプリンターが内蔵されている。

**WED,
3/17
2055**

メンターの　言うことならば　素直に聞ける

　年齢とともに身体の変化を感じる機会が増え、自然と健康について考えることも多くなった。食べることが好きで、時には食べ過ぎてしまうが、健康維持のための食事管理には気を配るようにしている。

　昼食には、弁当を食べることが多い。使っているのは『メンターつき弁当箱』だ。3Dフードプリンター内蔵で、食品が弁当箱の中に印刷される。あらかじめ作っておく必要がなく、食べる時間の直前に出力できるので、手軽で便利だ。

　さらに、私がこの弁当箱を選んだ決め手は、メンター機能である。弁当箱のフタにあるセンサーに触れると、弁当箱の上にメンターの像が浮かび上がる。弁当を出力する前に、そのメンターの質問に答えれば、そのときの自分の状態に合った食べものを印刷してくれるという優れものだ。メンターは最新のデータに沿った栄養指導や、精神的な助言もしてくれる。機能を使い始めて数ヶ月になるが、いつの間にかメンターは頼れる存在になっている。

　弁当箱の形は、秋田杉の曲げわっぱ風だ。弁当箱のフタには、3D映像を映し出す機能があり、メンターは宙に浮かんでいるように表示される。また、フタの側面にあるタッチ式のセンサーは、メンター表示、弁当の出力などができるほか、指先から

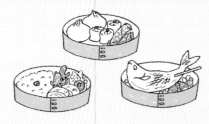

弁当のメニューは、オーソドックスなものから変わったものまでできる。

生体情報データを収集することで、そのときの健康状態がチェックできる。弁当箱の底は少し上げ底で、3Dフードプリンターと食材カートリッジ取りつけ口がある。フタから入力された情報が、弁当箱の底に渡って食品として出力されるというわけだ。

メンターは、個人によって出てくるキャラクターが違う。自分で好きなキャラクターを選ぶこともできるし、おすすめモードで自分の性格に合うメンターを選んでもらう機能もある。私は使い始めたときから、「天女」にしている。羽衣を揺らしながら浮かんでいる様子がリアルだし、癒されるのに何となく威厳があって、説得力を感じるからだ。

天女　老師　料理人　宇宙人？　ねずみ

メンターは、個人によってそれぞれ異なる。

メンターとのやりとりは、音声会話でもできるが、他人に内容を聞かれるのが気まずくて、もっぱら文字応答モードにしている。空腹過ぎてメンターとのやりとりが億劫なとき、メンターはそれも認識して、ボリュームがあり健康にも配慮した弁当を印刷してくれる。毎日の習慣になると、午後のモチベーションを上げるのにも欠かせない時間になってきた。今日は、天女が私の健康をとびきり褒めてくれて、何歳になっても褒められたい私は、満足な気分で昼食を終えた。

あなたを健康に導く メンターの存在

肥満パンデミック

　肥満は今、世界中で重大な社会問題となっている。195の国と地域を対象に行われた肥満に関する報告によれば、ボディマス指数（BMI）で評価するWHO（世界保健機関）の基準で、2016年には、18歳以上の成人の39％は過体重であり、13％は肥満であった。

　感染症に限らず、「ある健康関連事象が明らかに正常な期待値を超えて起こる」ことを「エピデミック（流行）」と定義すれば、最近の肥満の増加はエピデミックに相当する。さらに、肥満が世界中に拡大し、世界の約3人に1人が過体重や肥満という現状から、肥満はすでに「パンデミック（世界的大流行）」状態であるという研究者もいる。

　この肥満のパンデミックともいえる状態を引き起こしている要因として、生活が便利になり、身体を動かす機会が減少したことなどが考えられる。しかし、肥満化の最大の原因は、何といっても「食」にあるといえる。

おいしい"快感"の暴走

　世界的に見ると、肥満は1975年から3倍近くに増加した。これほど速い変化が、遺伝によるものではないことは明らかである。人の食欲コントロール機能が、正常に作動しない「何か」が存在するということである。

　食べることの目的は、エネルギー源や栄養素を取り込むことはもちろんだが、食べることにより「快感」を得ることも重要な項目の一つである。何かを食べておいしく感じるということは、単に脳を快感や至福感に浸らせるためというより、その快感をもっと手に入れたいという意欲と行動を生じさせるためにあると考えられている。すなわち、おいしく感じたものを積極的に身体に取り込ませるために、快感が存在しているといえる。

　おいしく感じる情報は、「報酬系」として知られる脳の腹側被蓋野や側坐核と呼ばれる部位に送られ、もっと食べたいという感情を生み出す。このとき「ドーパミン」を中心とした神経伝達物質がはたらく。ドーパミンは、「食欲」を引き起こ

す物質である。自分の好物を見ただけで、ドーパミンが分泌され、食欲がかきたてられる。一口食べて、食の情報が脳に入ると、報酬系はさらに活性化される。その情報が視床下部に送られると、摂食促進物質が放出され、実際に食べる行為へとつながっていく。

長い飢餓の時代を生きてきた私たちの祖先は、おいしいものを求め、積極的に食べたくなる強力で巧妙な脳のしくみを整えてきた。それが今の時代は、私たちがおいしさをより強く求めることで、脳内物質がたくさん分泌され、その結果、摂食中枢のアクセルが強く踏まれ、満腹中枢のブレーキでは抑えきれない状態を作り出しているといえる。すなわち、脳内麻薬物質を出させる食べものが身の回りにあふれていることが、社会の肥満を増加させている大きな要因の一つである。

食欲や肥満を抑制するのは並大抵のことではないからこそ

生命維持の根幹に関わる食欲を操作するのは、並大抵の難しさではない。たとえば、高度肥満者の食欲を抑えるため、「食欲の制御」による治療が行われている。食欲抑制剤として日本で承認されているマジンドールという分子は、脳内でのドーパミンなどの作用を弱め、食欲抑制と代謝を促進させることで、体重を減少させる。また、脳深部刺激療法という脳手術により、挿入した電極の電気刺激によって、満腹中枢を刺激して食欲を抑えるということも行われている。どちらの食欲抑制法も、副作用が知られている。食欲抑制剤には依存性があり、一方、電気刺激では食欲を抑えられたヒトの陽気な性格が消え、活動性が低下する。

肥満の予防や解消を望むのであれば、食欲をよりマイルドに、かつ継続的に抑えるようなアプローチが必要であろう。たとえば、日々の生活習慣から肥満にならないようにアドバイスする「メンター」の存在である。メンターは、専門的な知識を持ち、プライベートや仕事、またはその両方で、自分を教育し、モチベーションを与えてくれる人物とされる。つまり、食のメンターは、肥満対策のように、一方的に食の知識を与えるのではなく、その人個人に寄り添い、食べる人にわかりやすく専門的な食生活のアドバイスをし、ときには建設的な批判もしながら、励ましの言葉をかける。固い絆で結ばれた信頼できる味方のような存在が、怪物のような食欲を抑えるためには有効ではないかと思われる。人ではやや荷が重い仕事であるため、AIの助けが必要な分野かもしれない。

CHAPTER *8*

楽しみを
増強することが
できる

楽しみを増強することができる

〖 回 転 パ ズ ル コ ー ン 〗

遊びながら食べ、食べながら遊ぶ

天然のとうもろこしの進化型として、祭りの屋台に登場した「回転パズルコーン」は、遊びながら食べることができる。芯の部分は黒い硬質ゴムのような質感なのが、"食べるおもちゃ感"を高めている。コーンを縦横にそれぞれ回転させ、コーンの粒の色を合わせながら食べる。この面白さで、回転パズルコーンは"とうもろこしの代用品ではない新しい食品"として認識されるようになった。

縦列は、任意の列がまとまって回転する。列を閉じると、他の部分の縦列や横列を回すことができる。購入時はバラバラのコーンの色を、回転させながらそろえていく。コーンは色によって、塩味、スイートコーン味、醤油味、バター味などの違いがあり、その風味の濃さも異なる。写真は、16種類の味が楽しめるコーンである。

さまざまなタイプの回転パズルコーンがあるが、常温の「茹でタイプ」が、パズルとしても扱いやすく人気だ。"堂々と遊べる食べもの"ということから、祭りの屋台では、子どもだけでなく、大人たちも夢中になって遊び食べをしている。

楽 し み を 増 強 す る こ と が で き る

CHAPTER 8 : INTRODUCTION

食の楽しみの未来
について考える

　「食」の役割の一つは、料理を食べること、料理を作ることが「楽しい」ということであろう。料理がおいしいという楽しみだけでなく、誰かと一緒に食べるという楽しみ、変わったものを食べることができるという楽しみなど、楽しみの幅は複雑多岐にわたる。3Dフードプリンターによる食は、はたして人々の楽しみとなるのか。ガストロノミー（美食学）の観点から考える。

　現代では食べ過ぎによる肥満の弊害が大きな社会問題となっているが、長い間、人類にとって一番の関心事は、飢えのない食べものの確保であった。お腹が一杯になるまで食べたいという「量の楽しみ」は、生き続けるために必要な本能的な食の楽しみである。それに対し、まずいものよりはおいしいものを、質が悪いものよりは良いものをというのは、「質の楽しみ」であり、生きていく上での喜びに根差す教養的な楽しみといえるだろう。
　生きるための必要性から独立した食の楽しみは、古くから見られる。紀元前4世紀のギリシャ人、アルケストラトスの詩『美食法』などから、食の楽しみが娯楽として独立していたことがわかる。しかし、その娯楽を享受できたのは貴族たちだけであった。
　一方、食の楽しみが大衆化するのは、18世紀末のフランス革命がきっかけであった。社会の主人公が、貴族からブルジョワ、そして市民へと移っていった。食べ手の大衆化と並行して、作り手も変化した。革命前の娯楽としての食の作り手は、王侯貴族のお抱え料理人であった。革命で王制は廃止され、貴族に抱えられていた料理人の多くは失業した。失業した料理人たちは、街のレストランに溢れ出ることになった。レストランは革命に

よって登場した新たな成金の社交場となるが、料理やワインの常識に通じているわけではなかった。その新たな食への欲求に答えたのがフランス人の思想家、ブリア=サヴァランであった。

彼が提唱したガストロノミーは、19世紀初頭のフランスの裕福な階級で発展し、当時はエリートの人々のために、「"正しい嗜好"の規範を定めるもの」だと考えられた。また、ガストロノミーから派生した「ガストロノーム」という言葉は、「良き食の判定者」を指す。ガストロノームは、通常、個人の「食卓の喜びについての洗練された嗜好」を深めるだけではなく、ガストロノミーに関して書物に記すことなどで、他人の嗜好を深めるのを助ける人とも理解されてきた。そのため、ガストロノミーは、グルメ以上の意味をもち、料理における嗜好についての理論であった。

ブリア=サヴァランが『美味礼賛』の中でいった「ふだん何を食べているのか言ってごらんなさい。あなたがどんな人だか言ってみせましょう」という言葉は、過去や現在よりも、3Dフードプリンターを駆使した多種類の食べものがより自由に選べる未来の世界で、よりいっそう重みを増す言葉となるであろう。

KEYWORDS： ガストロノミー　ウェルビーイング　メイカームーブメント
共食　コミュニケーション　エンターテイメント

〔 回 転 パ ズ ル コ ー ン 〕

食べた日	AUG 8, 2055
食べたもの	回転パズルコーン
名称	菓子
原材料	でん粉、加工でん粉、砂糖、香料、重曹、ゲル化剤、着色料、増粘剤
販売者	まつり製菓株式会社
製造者	株式会社3D食品
のぼりのコピー	茹でたとうもろこし、そのままの食感！ コーン粒の色ごとに、味はいろいろ！ カラフルたのしい！くるくるおいしい！
購入・入手場所	夏祭りの屋台
気づいたこと	○ 購入したのは横の周囲が 　16粒（16色で16味）のコーン。 ○ 天然のとうもろしと違い、 　両端が同じ形をしている。 ○ 食べ終わった芯は回収され、再利用される。 ○ 値段が手頃な割に、凝った作りをしていると思う。 ○ 縦に回して角度を少しずらすと食べやすい 　という利点もある。

回転パズルのようにくるくる回し、
コーン粒の色を合わせて食べる。
コーンは縦と横に
それぞれ回転する。
コーンは両端とも
少しすぼんだ形で、
180度回転させても
ぴったりはまる。

コーン粒は色の違いによって
16〜18種類の味の違いがある。
色をそろえて食べても良いし、
混ざり合った状態を楽しむのも良い。

SUN,
8/8
2055

夏祭り　屋台賑わう　コーンの遊び

　今日は夏祭りだと聞いて、ある食べものが頭をよぎり、ふと出かけたくなった。暑さに用心し、日暮れに足を運ぶと、会場の境内は透明なドーム型の建物の中に移設されていた。敷地全体が冷房完備になっていて、参道を歩く人々も涼しげな表情だ。環境の変わりように一瞬たじろいだが、私の目当ては祭りの雰囲気というわけではなく、ある食べものだった。

　祭りの醍醐味は、バラエティ豊かな露天や屋台だと思う。特に、食べものには独特な魅力がある。焼きそば、たこ焼き、綿あめなど、昔と変わらない定番もあれば、自分が幼い頃の祭りには無かった食べものを売るところもたくさんできた。業務用の屋外３Ｄフードプリンターの普及が、祭りの屋台にも広まったからだろう。風車りんご飴、流しそうめん串、知恵の輪カステラなど面白いものがたくさんあるが、絶対に外せないものといえば、やはり『回転パズルコーン』だろう。

　長年続く温暖化の影響で、屋外の畑で作られる野菜の種類や収穫量は大きく変わった。夏の暑さに強いはずのとうもろこしも、大量に収穫することが難しくなったため価格が上がった。そのためか、特に夏祭りなどでは、焼きとうもろこしを売っているところが減った。入れ替わるように登場した回転パズルコーンの屋台が、今では主流だ。

　回転パズルコーンは、古くからあるルービック・キューブ

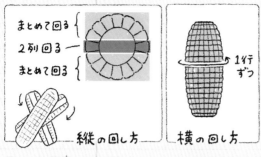

というおもちゃのように、縦と横にコーンをぐるぐる回しながらとうもろこしの粒の色を合わせるというものである。もちろんコーンの粒は、とうもろこしと変わらずジューシーでおいしい。粒は16〜18種類ほどの微妙な色の違いがあり、パズルをそろえると、グラデーションのように色が並ぶ。色の違いは味の違いでもある。色をそろえてから、それぞれの味を集中的に楽しむのも良いし、バラバラのままでも、かじる位置によって味が変化して面白い。

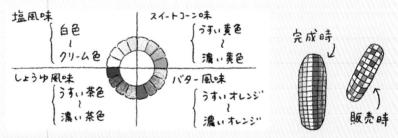

コーンの色と味の関係について

　そんなことを考えながら、屋台ののれんに書かれた「回転パズルコーン」の文字を必死に探していると、念願のコーンを持った子どもや大人たちがたくさん集まっている一角を見つけた。見ると、色を合わせようとひたすら回している人が半分、早々とそろえるのを諦めて食べている人が半分といったところだ。私はいつも半分だけそろえて、単一味とミックス味を楽しむのが好きだ。聞こえてくる祭囃子にも心が弾み、意気揚々と目の前にある屋台に直行した。

心が楽しくなる
食が欲しいとき

ストレス解消としての食

　苦しい、つらい、困難といったストレスがかかる状態にあると、おいしいものや甘いものを欲する場合がある。おいしさの感じ方は心理的な影響を受けるため、気分によって食べたくなる食品の量や質が変わる。

　米国モントクレア州立大学のデブラ・A・ゼルナーらが行った「食とストレス」に関する研究がある。男女に、解決可能なアナグラム（言葉を並び替えて別の意味のある言葉にする）と解決不可能なアナグラムをそれぞれ解いてもらった。解決不可能なアナグラムは、解決できないので「ストレス状態」を引き起こす。その結果、解決不可能なアナグラムを解くことを求められた女性は、チョコレートやピーナッツを多く食べた。一方、解決可能なアナグラムを解いた女性は、ぶどうをより多く摂取することがわかった。この結果だけであれば、ストレス状態になった女性が、チョコレートを多く食べたのは、解決不可能な課題にチャレンジすることによってより消費したエネルギー

を補うためで、糖や脂肪を多く含むものを食べることで、効率的にエネルギーを補給するのであろうと推察できる。

　しかし、同様の実験を男性に行うと、解決不可能な課題を課された男性は、解決可能なアナグラムを解いた男性に比べて、食品の摂取量を一様に低下させた。すなわち、「ストレスを引き起こすと、女性は、エネルギー摂取過剰に向かい、男性はエネルギー摂取抑制に向かう」という結果である。

　この実験の興味深い点は、「女性がチョコレートやピーナッツを多く食べたのは、ストレスによって失われたエネルギーの単なる補給という理由ではないのではないか」という示唆である。私たちは、栄養を摂取するためだけに食べものを食べているわけではなく、「おいしさを楽しみ、安心感や満足感を得ることで、不安やストレスを解消している可能性がある」と解釈できる実験結果である。

おいしさの感覚はウェルビーイングの種

　おいしさを感じる視覚、嗅覚、味覚と

いった感覚は、生物学的に見れば、栄養価の高いものを摂取し、有害なものを退けるために必要不可欠なはたらきである。現代はスーパーマーケットや飲食店で安全が保証された食を容易に手に入れることができるため、いちいち自分の感覚に頼らなくとも安全な食べものを摂取することができる。しかし、私たちの祖先もかつてそうであったように、日々飢餓と隣合わせの野生動物などにとっては、おいしさを感じる感覚は生死に関わる重要な機能である。

また特に先進国において、料理を食べる際の感覚は、栄養素を摂取するという生理的な欲求を満たすためだけでなく、ストレス解消や食を誰かと楽しむという娯楽的な快楽であり、"心の栄養"を満たすために重要な役割を担っている。おいしさを感じることは、個人の身体・精神・社会に健康で幸福な状態にある「ウェルビーイング」を叶える上で重要なことである。

なぜその「食」を求めるのか

「単調な食事を続けていたら、食欲がなくなった」という経験をした人は少なくないであろう。栄養学的観点から見ると、単調な食事を続けると、栄養が偏ってアンバランスになるのを防ぐという理屈で理解できる。実際、身体が必要とする栄養素が欠乏すると、その栄養素を含むものが無性に食べたくなり、食べてみるとおいしく感じる。大量に汗をかいたとき、塩味が効いたものを欲する感覚である。

しかし、栄養バランスの良い食事であっても、毎日同じものを食べ続ければ必ず飽きがやってくるだろう。「ワンパターンな食事に飽きて、変わったものが食べたくなる」ことには、体調や栄養バランスなどの生理的な感覚を超えた"何か"があるように感じる。

心理学の分野で、ある仮説が提唱されている。「人は単純な食事には"飽き"を感じ、より変わったものであったり、"微妙なずれ"を求める」というものである。つまり、普段とは違うものを食べることによって、いつもの食事では感じないちょっと変わったワクワクやドキドキ感を味わいたいという欲求が、人の心理に生まれながらに備わっているのではないかという説である。

すこし変わった食を楽しむことは、気分的なマンネリ解消につながる面があり、それに応えるためにも3Dフードプリンターなどでエンターテイメント性のある食を作る意義があるといえよう。

〚 ブロックのカレーキット 〛

食べた日	FEB 20, 2055
食べたもの	くみくみカレー（豚肉）
名称	3Dプリント食品セット
内容物	カレーブロック、豚肉ブロック、にんじんブロック、じゃがいもブロック、たまねぎブロック、立体造形剤
原材料	豚肉粉末、にんじん粉末、じゃがいも粉末、たまねぎ粉末、カレー粉末
販売者	株式会社くみくみ
製造者	あらいぐま食品工業株式会社
商品情報	プラスのひと手間：ブロックの組み合わせ方を工夫すると、食材を柔らかく煮たり、味を染み込ませやすくすることができます。
購入・入手場所	オンライン
気づいたこと	○肉は、「牛、豚、鶏、ラムの天然／培養肉」、「植物肉」などから選べる。 ○カレーブロックの辛さは、「甘口、中辛、辛口」から選択でき、それぞれのブロックの個数も選べる。 ○「くみくみシチュー」、「くみくみ肉じゃが」などもある。

【ブロックのカレーキット】

AD 2055

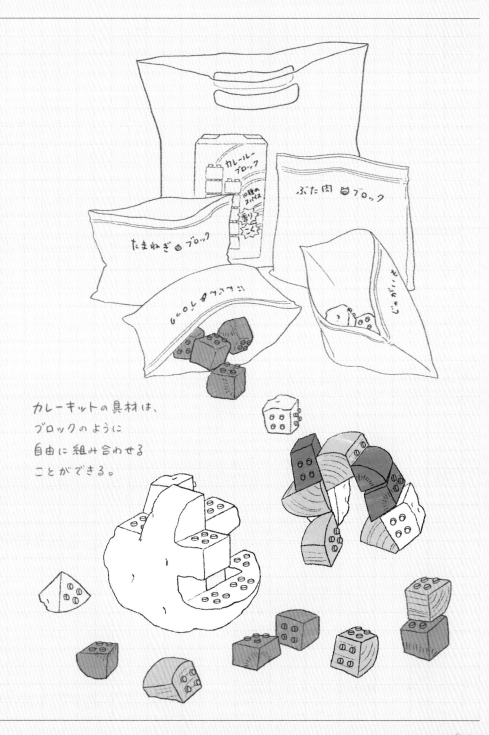

カレールー
ブロック

10種の
スパイス
割り

ぶた肉 🐷 ブロック

たまねぎ 🧅 ブロック

にんじん 🥕 ブロック

じゃがいも ブロック

カレーキットの具材は、
ブロックのように
自由に組み合わせる
ことができる。

楽 し み を 増 強 す る こ と が で き る

カレー好き　ブロック遊びは　もっと好き

SAT,
2/20
2055

先ほど突然、小学生の娘と大学生の息子が「料理をつくって あげる」と言ってきた。驚いたので、急いで日記に記録してお く。どうやら、娘の小学校で、家庭科の調理実習が始まったら しい。最近は、どこの家庭でも調理する時間が減っているそう だが、逆に、学校教育では、調理の身体的な動作の重要性や、 創造力へ与える影響などが見直され、小学校低学年から自分 たちで料理を作る実習が必ず組み込まれているらしい。

息子がカレーのミールキットをすでに買ってきていたよう で、キッチンで娘と一緒に作り始めたところだ。滅多にない機 会だと思うので、遠くから観察することにした。

息子が買ってきたカレーキットは、おもちゃ会社と食品会社 が共同で開発した製品で、特に小さい子どもがいる家庭に需 要があるらしい。カレーに必要な食材が詰め合わせで入って いて、すべてを煮込むとカレーができあがる。人気の理由は、 3Dフードプリンターで作られ た食材の形状にある。おもちゃ のブロックのような形をして いるのだ。カレーのルーだけで なく、にんじん、じゃがいも、 肉など、自由にはめ合わせ、組 み立てることができるところ

加熱前の肉ブロックは、硬めに加工してあり、
自由に組み立てられる。

が面白いらしい。野菜類はうまく組み立てると、丸ごとのじゃがいもなど、天然の野菜の形にも戻せる。食べもので堂々と遊ぶことができる、画期的な商品なのかもしれない。子どもたちはというと、黙々とブロック遊びに熱中している......。

　3Dフードプリンターが生まれたときから当たり前にある子どもたちは、天然の状態の食材に触れる機会が少なくなった。食べものは機械から出てくるものだと思っている子もいるという。3Dフードプリンターの食材カートリッジの中には、培養系や合成系の食材もあるが、天然由来のものも多い。日常をただ過ごしているだけでは、そういった天然由来の食材が自然界でどのような形をしているのか、知る機会はない。大人たちが抱く、食べもののブラックボックス化への危機感が、調理実習や農業実習など、子どもの教育へとつながっているのだろう。

　日記を開いてから2時間、キッチンではまだ鍋に水が張られていない。子どもたちよ、研究熱心なのはすごい。しかし、カレーはいつできるのか。

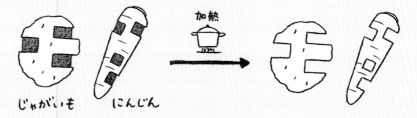

カレールーを野菜の間に組み込んで煮ることもできる。

「作ること」に
夢中になるということ

「誰もがメイカー」になるとき

　日本各地の遺跡から出土される縄文式土器の特徴は、文字通り縄目をつけた文様が見られることである。文様は、当初意図されたであろう滑り止めの機能を逸脱し、過剰な装飾ともいえる器形が多数見られる。また、同じ時代の遺跡からは、ヒスイやサメの歯やイノシシの牙でできたペンダントや漆塗の竪櫛、土製の大きなピアスなどの装飾品や工芸品も多数見つかっている。その中にはまだ使用目的がわからないものも多いが、長く平和が続いたとされる縄文時代において、「ものづくり」が最古のレクリエーションの一つであったことは間違いないだろう。

　現代においても、誰に頼まれたわけでもなく、ものづくりに冒頭する時間はかけがえのないものである。プラモデル、ロボット工作、アクセサリー、裁縫など、どんな対象であっても、ある種の達成感が得られる。この「自分でものを作る」ことを楽しみにする人たちを対象としたイベントやお祭りは、世の中に多数存在する。その中の一つに『Maker Faire(メイカーフェア)』という世界的なイベントがある。

　メイカーフェアは、電子工作を中心に、ロボット、クラフト、アート、モビリティ、音楽といったさまざまなテクノロジー系のDIYを楽しむ「Maker(メイカー)」たちが集まり、作品の展示やデモンストレーション、販売や交流などを行うイベントとして、2006年頃から米国で開催されてきた。メイカーは、工場などで大量生産する「Maker(メーカー)」とは異なり、同じ英単語でありながら、とにかく作りたいものを自由意志で作る「個人」を表す意味合いで使われている。

　特に2010年代に、３ＤプリンターやCAD(コンピュータ支援設計)が爆発的に普及したことによって、『Maker Movement(メイカームーブメント)』という社会現象が起こった。誰もが使えるデジタル工作機械が身近になり、専門知識を持たない人たちでも、ものを自由にデザインできるようになった。さらに、デザインした作品をオンラインのコミュニティで公開しながら、「オープンイノベーション」によって世界中の仲間たちと共

創することもできるようになった。「誰もが手軽にものづくりに参入できる時代の到来」や「製造業の民主化」という大きなメッセージが放たれた。

創造的自由を開放させる調理という活動

　一定の盛り上がりを見せたメイカームーブメントは、2010年代を通して、「メイカー」と「メーカー」の間には、趣味とビジネスという大きな壁があることも浮き彫りにした。個人が「作りたい」という想いから生まれるものには、当然ながら量産体制やマーケットの大きさ、コスト、サプライチェーンなどを考慮した視点が十分ではなかった。そのため、ものづくりを事業化させるには、個人のメイカーであっても長期的ビジョンやビジネス的観点が必要ということが次第に認識されるようになっていった。

　一方で、教育分野でのメイカームーブメントへの期待は高まっている。メイカーという言葉への注目は、米国の技術雑誌『Wired』の編集長であったクリス・アンダーソンの本『MAKERS 21世紀の産業革命が始まる』が、契機の一つになっている。アンダーソンはこの本において、「お絵描きや積み木やレゴや手作りおもちゃに夢中になる」ように、そもそも誰もが「人間は生まれながらのメイカーズ」であるとした。メイカーという言葉には「創造的な人間であること」という意味が内包されている。3Dプリンターといったテクノロジーの進化は、個人の創造的活動の可能性を開放し、大きく飛躍させてきたといえる。

　メイカームーブメントに限らず、日常生活で何かものを作ることは、「遊びと学習を統合させる手段」となりうるものであり、そこには、自らがゲームを考案するような創造的な自由がある。自由な創造性は、実技を通してしか学ぶことができず、自らの手を動かして体験しなければならない。その点、日々、手を動かして行う「調理」という"メイカー活動"は、私たちの生活の中で最も身近な創造的自由を発揮できる手段であり、3Dフードプリンターの有無に関係なく、子どもたちにとって創造性を育むのにより良い入門編であるといえる。

〖 おいしい手書き文字 〗

食べた日	DEC 28, 2055
食べたもの	書いた文字のお菓子
製品名	平面型3Dフードプリンター「お習字フードボード」
製造者	株式会社古墨工業社
同梱品	フードボード本体、3味カートリッジ（サラダ味、しょうゆ味、エビ味）、味指定筆3本

製品のコピー

お子様の知育を育みます。
楽しくおいしく文字を学べます。
印刷されるお菓子には、丈夫な歯をつくり、
からだを健康にする成分が含まれています。

取り扱いガイド
(注意書き)

ボードは、筆先を感知します。力を入れて強く
書き過ぎると、筆を損傷するおそれがあります。
書いた文字は、お早めにお召し上がりください。
3歳未満の小さなお子様には、「ベビーせんべい
専用筆」で書いた文字をお勧めします。

気づいたこと

○ カートリッジと筆は、別売りで10味セット
  などがある。
○ 筆の太さや硬さによって、印刷物の密度が変わり、
  食感が異なるお菓子になる。
  （太字はややソフト、細字はカリカリになる。）
○ アレルギー特定原材料等56品目不使用で、エビ味
  カートリッジにもエビは使用されていない。

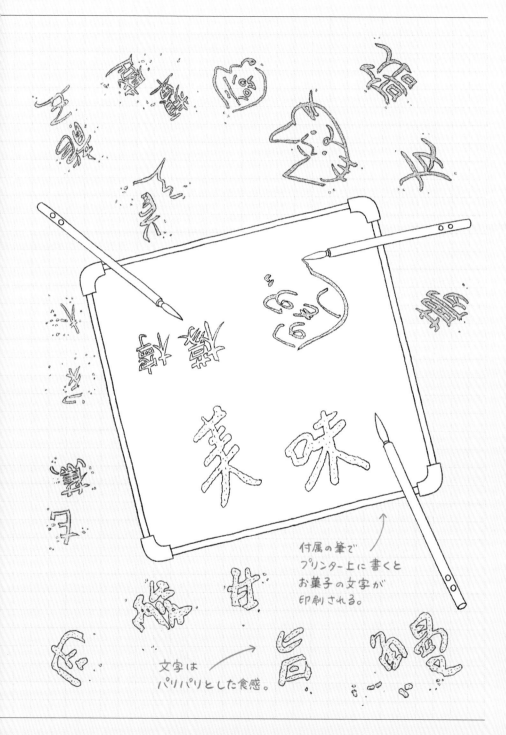

付属の筆で
プリンター上に書くと
お菓子の文字が
印刷される。

文字は
パリパリとした食感。

楽 し み を 増 強 す る こ と が で き る

8 - 3 DIARY

どの文字が　だれの手書きが　おいしいか？

　小さい頃、磁石の原理で書いて消せる「お絵かきボード」によく文字を書いて遊んだ。その後の世代は、タブレットを使っているようなので、そのボードが今も売られているかはわからない。その遊び道具に似た3Dフードプリンターを見つけた。プリンター部分がボード状になっていて、付属の筆で線を書くと、それが薄いせんべいかクラッカーのようなお菓子になって印刷されるという。自分が書いた文字を食べたい衝動にかられ、3本の筆がついたものを購入してみた。

　平面型3Dフードプリンター『お習字フードボード』は、正方形の板状で、ホワイトボードに似たシンプルな見た目だった。付属の筆は、習字の小筆のような形で、書くのが少し難しそうだった。この筆はそれぞれ違う味をプリンターに指定する機能が内蔵されていて、太字の筆はサラダ味、中字はしょうゆ味、細字はエビ味になるというものだ。本来は、楽しく字を練習するために開発された製品のようなので、書き文字の味を試してみるのには好都合だ。

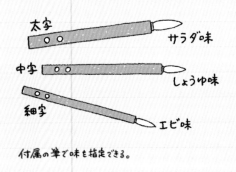

太字　サラダ味
中字　しょうゆ味
細字　エビ味

付属の筆で味を指定できる。

　自宅のテーブルでプリンターや筆を広げていると、案の定、子どもたちが興味津々でやってきた。皆で、書き文字パーティ

をすることにした。娘がしょうゆ味、息子がサラダ味、私がエビ味の筆を選んだ。ます、プリンター上に線を引いてみた。筆は適度なしなやかさがあり、思っていたより書きやすかった。書いた線が浮き出てくるように、薄くて平たい食品が印刷される。指でつまんで持ち上げると、プリンターの上には書き跡が何も残っていなかった。かじってみると、パリパリと軽い歯触

 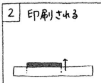 

りが心地よく、薄焼きの香ばしいエビせんべいを食べているような感じがした。

プリンターのボード上を筆でなぞると、その範囲が印刷される。

サラダ味はベージュ色、醤油味は茶色、エビ味はピンク色のお菓子になる。文字の形の違いによって歯触りはどうなるのか確かめたくて、難しい漢字や線の数が多い複雑な漢字、草書などを試してみた。息子は、味覚に関する文字や食べたいものの文字を書いて、次々に食べていたが、味は全部サラダ味だと悔しがっていた。一方、娘は筆を使うことが楽しかったようで、知っている文字をひたすら書いた後は、文字に飽きて落書きを始めた。

しばらくするとボードの周りが文字で一杯になり、皆でそれぞれが書いた文字を食べあった。「しんにょうは口の中で刺さる」とか、「こざとへんは持ちやすくて遠足のおやつに良い」とか、よくわからない会話をして笑い合った、2055年のある一日だった。

食を通じた 私たちのコミュニケーションの未来

コミュニケーションツール としての共食

　一緒に何かをすることで、相手と親しくなったり、互いのコミュニケーションが円滑になったりすることがある。特にコロナ禍を通して、リアルな世界で一緒に食事をする「共食」が、コミュニケーションにおいて有効だと感じた人は多いのではないだろうか。

　共食は、もちろん個人で完結するものではなく、一緒に食事をする「他人」を意識して行われる行為である。共食の歴史を考えれば、食卓を囲む他人同士が心地よく過ごせたり、連帯感を持ったりできるように、食事を円滑に営むためのルールやマナーが、家庭や社会、文化ごとに定められてきた。さらに、共食には、社会組織や人間関係、歴史や宗教、思想や価値観などの複雑な要素が反映される。人間が家庭生活や社会生活を営む際のコミュニケーションにとって、大事な役割を果たしてきたのが、共食であるといえるであろう。

ヒトとは「調理」し、「共食」する動物

　人と人以外の動物の違いを考える上でも、共食が一つのキーワードになる。人間は、言語や道具を使用することにあるともいわれるが、イルカのように"言葉"を使う動物もいれば、道具を使いこなす動物や鳥類も多数知られている。「人と人以外の動物を分かつもの」を動物の基本行動である食行動で考えると、より違いが鮮明になる。

　文化人類学者の石毛直道は、「すべての人類に共通し、人類史の初期にまでさかのぼれる事項は何であるかを考えたとき、『人間は料理をする動物である』と『人間は共食をする動物である』という二つのテーゼにたどりつく」と述べている。

　霊長類学者によって、石を使って木の実を上手に割る野生のチンパンジーも報告されているが、調理の中核的な技術である「火」を使用する動物は、ヒトに限られる。

　また、共食も人間以外の動物には、あまり見られない行動である。草原で草食動物が同時に食べているのは、共食ではな

い。集団で敵を警戒しながら、同じ時間に食べているだけで、同じ食事をシェアしているわけではないからである。場合によっては、親鳥が雛鳥にエサを与えることや、野生のチンパンジーやボノボの群れにおいて食べものを他の個体にねだられたとき、わけてやることがある。しかし、動物においては、成長したら自分でエサを探し、自分だけで食べるのが原則である。動物の食行動は、単体で完結し、基本的に共食は行われない。

それに対して、ヒトの場合、狩猟採取民になったときから、家族での食料分配は、生存戦略として重要であった。現在、どの民族でも、共食の基本的な集団は、家族が単位とされている。家族は、生まれた子どもの養育、さらにその集団内での食べものの獲得と分配、すなわち共食という原則に基づいて形成されてきたといえる。

変化し続ける共食のかたち

人間の共食は、家族単位から始まり、より大きな共同体へと広がっていった。そして、共食は、人と超自然的な存在である霊や神とともに食べるという神聖な意味をも持つようになったとされる。

『柳田國男集』によると、「食べる」という言葉は、タバル、タブの受け身、すなわち「たまわる」、「いただく」を示す。タバルという動詞自体が、「神が下さる」という意味のため、「食べる」とは、もともと「神様に食べさせていただく」という意味であった。一人で食事をするときも「いただきます」というが、キリスト教徒の食前の祈りと同様、食べものを下さる神や世界にあいさつしていた名残であろうか。

食事が、神との交流の場であり、神からいただく「おくりもの」であったものが、だんだん神の影が薄くなると同時に、食べものをお供えしたり、その一部をいただいて神と食事を共にする「神人共食」の意識が薄れ、その代わりに、人類の歴史の過程で培ってきたともいえる「人間同士の食事」が、共食の主な意味として使われるようになった。

歴史を振り返れば、共食のスタイルは、決して生得的なものではなく、社会や環境によって変化し、私たちの考え方が変われば、共食の形式はいかようにも変わることがわかる。誰かに食べものを分けてもらう必要がなくなり、神の存在への意識も薄らいでいる現代、さらにテクノロジーが発展し、食べものを作る必然性も誰かと一緒に食べる必要性も希薄化するかもしれない未来において、人と人とのコミュニケーションはいったいどのようなものになるのであろうか。

EPILOGUE：おわりに

～なぜ『Cook to the Future』なのか～

　『クック・トゥ・ザ・フューチャー』という書籍タイトルは、もちろん大ヒットを記録したSFアドベンチャー映画『バック・トゥ・ザ・フューチャー』へのオマージュです。いまだに根強い人気があるこの三部作のシリーズ作品は、1985年の「現代」を舞台に、その30年前の1955年、30年先の2015年、さらに100年前の1885年という時間差を行き来するタイムトラベルものです。

　主人公のマーティが高校生だった時代と比べると、現代は、「Volatility（変動性）」、「Uncertainty（不確実性）」、「Complexity（複雑性）」、「Ambiguity（曖昧性）」の頭文字を取って「VUCA（ブーカ）」の時代といわれています。先行きが不透明で、将来の予測が困難な状態を意味します。ビジネスや研究といったさまざまな分野で、短期的な結果を求められる傾向は年々強まっています。数年先の確実性に注意が集まるときに、30年後や100年後の未来を考えるのは、SFでしかできないことなのかもしれません。だからこそ、この本では、今から一世代先である2055年の食を空想してみました。

　そもそも、なぜバック・トゥ・ザ・フューチャー三部作は、ここまで長くファンに愛されるのでしょうか。エメット・ブラウン博士（ドク）やビフ・タネンといった、かなりクセのある魅力的なキャラクターたちや、緻密に張り巡らされた伏線を回収するシナリオなど、コメディSFのさまざまなエンターテイメント要素もその一因でしょう。それらに加えて、今観ると、作られた時代を反映する楽観的で明るい視点がこの映画の大きな魅力の一つだとも感じます。この本でも、明るい未来へのまなざしは忘れないようにしようと思っていました。

　長年、高校生のマーティのような感覚でいましたが、気づいたら、ドクの年齢の方が近い歳になっていました。年を重ねてきたからこそ、三作目の

最後に、マーティたちに向かってドクが言う「It means your future hasn't been written yet. No one's has. Your future is whatever you make it. So make it a good one, both of you.（未来はまだ白紙だ。未来は自分でつくるものだ。)」というセリフの重みを感じています。バック・トゥ・ザ・フューチャーの最大のメッセージでしょう。この本を通じて、「未来の食は自分たちがつくるもの」というメッセージを伝えることができたらなと思います。

　この本を作製するにあたり、たくさんの方にお世話になりました。食品サンプル作製では、株式会社岩崎の武井秀夫さん、宮澤宏明さんをはじめ、関係者の方々にご尽力をいただきました。多くの無謀な要求にもかかわらず、日本が誇る食品サンプルを作る職人技で応えていただきました。また、石川研で３Ｄフードプリンターの研究をしている大学院生の方楊さんにも感謝します。一緒に未来の料理について妄想するのはとても楽しい時間でした。さらに、３Ｄフードプリンター研究の世界的な権威である山形大学の古川英光先生にもお礼申し上げます。先生の研究を楽しみたいという熱意に、この本の誕生を大きく後押ししていただきました。宮武茉子さんにも刺激ある斬新な３Ｄフードプリンターでの創作活動を見せていただきました。ありがとうございました。最後に、本書の出版にあたりご尽力頂いた編集者のワダヨシさん、編集者の山本尚子さん、アートディレクター＆グラフィックデザイナーの藤田康平さん、フォトグラファーの吉崎貴幸さん、翻訳者の和田侑子さんに感謝申し上げます。皆様との密なディスカッションがあったからこそ、最後まで走ることができました。心より感謝申し上げます。

REFERENCES : 参考文献

CHAPTER 1: INTRODUCTION

世界一のレストラン「ノーマ閉店」が与えた衝撃 過酷な労働と激しい職場文化の高級店は限界, 東洋経済オンライン. https://toyokeizai.net/articles/-/645516 (閲覧日：2024.1.31).

elBulli(エル ブジ) の物語, Google Arts & Culture. https://artsandculture.google.com/story/qwURzFLVhm19LQ?hl=ja (閲覧日：2024.1.31).

1-2 TOPICS

石川伸一著 (2014),『料理と科学のおいしい出会い　分子調理が食の常識を変える』, 化学同人.

1-3 TOPICS

ケヴィン・ケリー著, 服部桂翻訳 (2014).『テクニウム　テクノロジーはどこへ向かうのか？』, みすず書房.

竹山重光 (1993). "技術の善し悪し", 環境技術, 22(12):55-58.

CHAPTER 2: INTRODUCTION

古川英光, 蒲生秀典(2021). "3Dプリンティングから4Dプリンティングへ　−デジタルファブリケーションの新たな展開−", STI Horizon, 7(2):35-40. ※2-1も共通

2-1 TOPICS

TED: Ideas Worth Spreading(2013). "Skylar Tibbits: The emergence of "4D printing" | TED Talk", https://www.ted.com/talks/skylar_tibbits_the_emergence_of_4d_printing (閲覧日：2024.1.31).

Wen Wang, Lining Yao, Teng Zhang, et al. (2017). "Transformative Appetite: Shape-Changing Food Transforms from 2D to 3D by Water Interaction through Cooking", Proceedings of the 2017 CHI Conference on Human Factors in Computing Systems, pp. 6123–6132.

2-3 TOPICS

日経BP(2020). 開発が活発化する「食べられるロボット」災害時には人を救うために自ら胃の中に | 未来コトハジメ, https://project.nikkeibp.co.jp/mirakoto/atcl/robotics/h_vol33/ (閲覧日：2024.1.31).

Shriya S Srinivasan, Amro Alshareef, Alexandria Hwang et al.(2017). "A vibrating ingestible bioelectronic stimulator modulates gastric stretch receptors for illusory satiety", Science Advances, 9(51):eadj3003.

Bokeon Kwak, Jun Shintake, Iu Zhang, Dario Floreano (2022). "Towards edible drones for rescue missions: design and flight of nutritional wings", 2022 Ieee/Rsj International Conference On Intelligent Robots And Systems, pp. 1802-1809.

CHAPTER 3: INTRODUCTION

井出留美.「食品ロス」と「フードロス」は違う？その理由をSDGsとFAOの定義から読みとく, Yahoo!ニュース, https://news.yahoo.co.jp/expert/articles/18b5d7e8e52dbe9e896dc9be82f866f01b673b34 (閲覧日：2024.1.31).

食品ロスとは, 農林水産省. https://www.maff.go.jp/j/shokusan/recycle/syoku_loss/161227_4.html (閲覧日：2024.1.31).

3-2 TOPICS

黒川雅幸(2012). "もったいない感情の心的機能に関する研究", 実験社会心理学研究, 53 (2):93-107.

3-3 TOPICS

Sandor Ellix Katz著, ドミニク・チェン 監修, 水原文 翻訳 (2021).『メタファーとしての発酵』, オライリージャパン.

CHAPTER 4: INTRODUCTION

竹内昌治, 日比野愛子(2023).『培養肉とは何か？』, 岩波書店. ※4-1も共通

古川英光, 貝沼友紀, 川上勝(2020). "3Dフードプリンター開発の現状と未来", 食品と開発, 55(11), 10-13.

石川伸一(2023). "「新規開発食品」の受容拡大を模索する 〜消費者との対話の深化に向けて〜", Bioscience & Industry, 81(4) 359-360.

4-1 TOPICS

ポール・シャピロ 著, 鈴木素子 翻訳(2020).『クリーンミート 培養肉が世界を変える』, 日経BP.

4-2 TOPICS

元木康介, 石川伸一, 朴宰佑 (2021). "昆虫食受容に関する心理学的研究の動向と展望", 心理学研究, 92(1):52-67.

CHAPTER 5: INTRODUCTION

「7つのムダ」とは？製造現場のコスト改善の要素, かざふてつどう, https://kaizen-navi.biz/production-control/seven-wastes (閲覧日：2024.1.31).

5-1 TOPICS

田中宏隆, 岡田亜希子, 瀬川明秀著, 外村仁 監修 (2020). 『フードテック革命 世界700兆円の新産業「食」の進化と再定義』, 日経BP.

5-2 TOPICS

Kokiri Lab. "Project Nourished A Gastronomical Virtual Reality Experience", http://www.projectnourished.com (閲覧日：2024.1.31).

塩原拓人, 井上智雄 (2014). "遠隔非食事者との疑似共食コミュニケーションのためのインタフェースエージェント", 情報処理学会論文誌 デジタルコンテンツ, 2(2):20-28.

5-3 TOPICS

石川伸一 (2012). 『必ず来る！大震災を生き抜くための食事学 3.11東日本大震災あのとき、ほんとうに食べたかったもの』, 主婦の友社.

石川伸一, 今泉マユ子 (2015). 『「もしも」に備える食 災害時でも、いつもの食事を』, 清流出版.

6-3 TOPICS

青山ゆみこ (2019). 「人生最後のご馳走」, 幻冬舎.

Henry Hargreaves. "No Seconds", http://henryhargreaves.com/no-seconds (閲覧日：2024.1.31).

CHAPTER 7: INTRODUCTION

石川伸一 (2021). 『「食」の未来で何が起きているのか～「フードテック」のすごい世界』, 青春出版社.

石川伸一 (2019). 『「食べること」の進化史 培養肉・昆虫食・3Dフードプリンタ』, 光文社.

石川伸一 (2023). "ヘルス・フードテックによる個別化食の未来", 臨床栄養, 142(1), 28-31.

7-1 TOPICS

國澤純編 (2023). 『実験医学増刊：健康と疾患を制御する精密栄養学～「何を、いつ、どう食べるか？」に、食品機能の解析と個人差を生む分子メカニズムの解明から迫る』, 羊土社.

7-2 TOPICS

スーザン・クナウト・ランガー著, 池上保太, 矢野萬里翻訳 (1967). 『芸術とは何か』, 岩波書店.

ブリア＝サヴァラン著, 関根秀雄, 戸部松実翻訳 (1967). 『美味礼讃(上)(下)』, 岩波書店.

河上睦子著 (2015). 『いま、なぜ食の思想か 豊食・飽食・崩食の時代』, 社会評論社.

CHAPTER 8: INTRODUCTION

佐原秋生 (2003). "食の楽しみと観光の役割", 日本観光学会誌, 42:24-32.

8-2 TOPICS

クリス・アンダーソン著, 関美和訳 (2012). 『MAKERS 21世紀の産業革命が始まる』, NHK出版.

本村健太 (2022). "メイカームーブメントによる美術・デザイン教育の拡張―その可能性についての実践的考察―", 美術教育学研究, 54:361-368.

8-3 TOPICS

石毛直道 (2015). "日本の食文化研究", 社会システム研究, 7:9-17.

柳田國男著 (1963). 『定本柳田国男集 第19巻』, 筑摩書房.

［著者プロフィール］

石川伸一（いしかわ・しんいち）
東北大学大学院農学研究科修了。北里大学講師、カナダ・ゲルフ大学食品科学部客員研究員などを経て、現在、宮城大学食産業学群教授（www.ishikawalab.com）。専門は、食品学、調理学、栄養学。関心は、食の「アート×サイエンス×デザイン×テクノロジー。著書に『料理と科学のおいしい出会い』（化学同人）、『「食べること」の進化史』（光文社）などがある。

石川繭子（いしかわ・まゆこ）
北里大学大学院獣医畜産学研究科修了。イラストレーター・ライター。食や科学に関するイラスト制作・執筆を行っている。「ひとさじのかがく舎」（www.1tspscience.com）にて、石川伸一と食についての書籍作製などに取り組む。共著に『かがくを料理する』、『分子調理の日本食』（共にオライリー・ジャパン）、『絵巻でひろがる食品学』（化学同人）がある。

［食品サンプル制作］

株式会社岩崎（イワサキ・ビーアイ）
1932年（昭和7年）、岩崎瀧三が世界で初めて食品サンプル模型を事業化し創業して以来90年以上続く「いわさきグループ」の東日本法人。その歴史の中で培われた人の手による熟練の技と過去にとらわれない新しい発想をかけあわせて、飲食店の店頭以外のさまざまなシーンに事業領域を拡げながら、100年企業に向けてさらなる進化を続けている。

［staff］

ブックデザイン ―― 藤田康平（Barber）
編集協力 ――――― ワダヨシ（ferment books）
撮影 ――――――― 吉崎貴幸
制作協力 ――――― 和田侑子（ferment books）
編集 ――――――― 山本尚子（グラフィック社）

クック・トゥ・ザ・フューチャー
3Dフードプリンターが予測する24の未来食

2024年3月25日 初版第1刷発行

著者 ――――― 石川伸一　石川繭子
発行者 ―――― 西川正伸
発行所 ―――― 株式会社グラフィック社
　　　　　　　〒102-0073
　　　　　　　東京都千代田区九段北1-14-17
　　　　　　　Tel.03-3263-4318　Fax.03-3263-5297
　　　　　　　https://www.graphicsha.co.jp
印刷・製本 ―― 図書印刷株式会社

©2024 SHIN-ICHI ISHIKAWA　MAYUKO ISHIKAWA
ISBN978-4-7661-3698-2 C2060　Printed in Japan